As Três Causas das Guerras

O caminho para abolir todos os conflitos bélicos

Cacildo Marques

ISBN: **978-1675254189**

Capa: Soldados franceses treinando tiro - 1916
(time.com)

Episteme Ed

Marques, Cacildo

As três causas das guerras: o caminho para abolir todos os conflitos bélicos/ Cacildo Marques. Maryland, 2019.

140p.

ISBN: **978-1675254189**

1. Guerra. 2. Causas da Guerra. I. Título   DDC 355.027

As Três Causas das Guerras

Cacildo Marques

ÍNDICE

Prefácio

Conhecíamos só as motivações

Muitos trabalhos acadêmicos têm procurado decifrar as "causas da guerra". O título aparece assim mesmo, "causas da guerra", em livros e artigos. Mas, como está dito neste livro, é necessário distinguir entre causas e motivações. Mesmo Clausewitz imagina apresentar causas, entendidas como objetivos políticos, o que se circunscreve no âmbito das motivações para a guerra. Até o início do século XXI os estudos sobre motivações trouxeram grande riqueza de análise, enquanto que os que tratam das causas vinham apenas tangenciando os fatos.

As motivações, que muitos estudiosos julgam ser causas, respondem por:

1) *Ganho territorial;*
2) *Ganho econômico;*
3) *Diferenças religiosas;*
4) *Vingança;*
5) *Defesa do nacionalismo.*

Algumas guerras misturam duas ou mais dessas motivações. Quanto à dimensão os conflitos bélicos podem ser (a) guerra internacional; (b) guerra civil; ou (c) guerra revolucionária, ou guerrilha. Há autores que confundem essas três dimensões com motivações.

As causas, como veremos no texto, são biológicas, e manifestam-se na sociedade como fenômenos da Psicologia., uma vez que a guerra realiza-se como resultado comportamental.

Depois da II Guerra Mundial, a intuição, que não se confunde com mero palpite, trouxe para os grandes administradores e os estudiosos menos suscetíveis a vieses partidários a percepção de que os ditadores com pretensões vitalícias, tendo Hitler como exemplo mais tonitruante, levam ao tabuleiro das lutas entre os povos uma força que ultrapassa o simples território da motivação.

Foi daí que nós partimos para desenvolver o conjunto de ferramentas conceituais que levaram à captura das três causas, que são mostradas e discutidas neste livro.

Cacildo Marques, dezembro 2019.

As Três Causas das Guerras

Capítulo 1 - Mundial

Vivemos, nas primeiras décadas do século XXI, um tempo em que, pela primeira vez na história, podemos vislumbrar a abolição de toda guerra no mundo.

Tal fato ocorre por duas razões: em primeiro lugar, temos grande avanço na organização entre os povos, com destaque para a ONU, fundada em 1945, com o objetivo principal de promover a paz entre os diversos países do mundo; em segundo lugar, já podemos considerar que temos diagnosticada a causa básica dos conflitos bélicos.

Há três fatores geradores de guerra, que compõem o que foi chamado "tripé da tragédia histórica" no livro *The Brussels Crisis* (2012). E há três níveis de guerra, considerando sua abrangência e seus atores. O maior é a guerra internacional, travada por um ou mais países contra outro país, ou outros países. O segundo nível é a guerra civil, que ocorre quando um país divide-se em duas ou mais facções em luta, quase sempre com divisão de territórios. O terceiro, e de menor dimensão, é a guerrilha, que é uma guerra promovida não por um país, ou grupo de países, nem por uma parte grande de um país contra outra parte, naquilo que se configura como guerra civil, mas por um grupo político ou religioso, que, de forma organizada, sob uma liderança reconhecida internamente, enfrenta o exército ou as forças policiais do país em que se instala, podendo até, dependendo de seus avanços nas trincheiras, demandar do governo instituído do país que este seja ajudado por forças de outros países.

Um grupo que aja como guerrilha, mas que seja apenas um bando de delinquentes, sem uma caracterização político-partidária ou religiosa, não deve ser entendido como uma facção que esteja promovendo uma guerra, pois este é um caso a ser tratado pelas delegacias de costumes e pelo policiamento comandado por essas delegacias. As causas dessa ação de bandoleiros são muito distintas das causas da guerra. Dessa forma, o remédio que cura a patologia da guerra não é o mesmo remédio que sirva para curar a delinquência de bandos, que é o crime organizado.

Este livro trata, portanto, daqueles três tipos de guerra divididos nos três níveis citados acima, que são a guerra internacional, a guerra civil e a guerrilha de fundo político ou religioso.

Teremos de aceitar que a guerra foi abolida quando não houver mais nenhum desses três tipos de conflitos no mundo. Guerra comercial, guerra de facções criminosas e guerra de nervos, tudo isso é guerra no sentido conotativo, não guerra propriamente dita. E é desta que temos de ficar livres, porque o restante terá seu tempo.

Pós-guerra. Podemos já pensar na era pós-guerras em geral?

Convencionamos chamar de "pós-guerra" o período histórico posterior a 1945. quando a II Guerra Mundial teve fim e a ONU foi criada. Infelizmente, várias guerras eclodiram desde então, mas não temos como estimar quantas mais teriam ocorrido se a ONU não estivesse agindo nessa fase.

Se o pós-guerra refere-se ao que veio depois da segunda e última guerra mundial, como deveremos chamar o período que virá depois de cessadas as guerras locais em todo o globo? Uma possibilidade é "pós-guerras". Por enquanto, isso parece um sonho.

As guerras costumavam ter recidivas. Assim, a II Guerra Mundial foi recidiva da I Guerra Mundial – já o nazismo, como doutrina política, foi recidiva da Inquisição. Como se sabe, o resultado da I Guerra Mundial deixou muita coisa pendente, sendo a questão mais notória o plano das indenizações sobre os países derrotados. Esse problema e o caminho tortuoso tomado pela Alemanha na instalação de sua temerária República de Weimar levaram à fermentação da II Guerra, que foi impulsionada duas décadas depois por injunção do militarismo ressentido.

Como resultado da Conferência de Versalhes, criou-se a Liga das Nações, em 28 de junho de 1919. Ela visava à garantia da paz e à reorganização das relações internacionais. Iniciando-se a II Guerra, oficialmente datada em 1º de setembro de 1939, a diplomacia dos países influentes entendeu que a Liga das Nações tinha sido construída sob bases erradas.

Teria sido o caso de abandonar definitivamente a expectativa de que uma sociedade de nações pudesse retomar o trabalho da garantia da paz. O clima era realmente esse, mas um apelo feito por Albert Einstein em favor da instalação de um governo mundial, tendo como sustentáculo os Estados Unidos e a então União Soviética, fez com que três meses depois a ONU fosse inaugurada. O Conselho de Segurança, uma espécie de senado permanente, tem 15 membros, que são representações de 15 países, mas apenas cinco deles são fixos. São eles: Estados Unidos, Rússia (antes União Soviética), Reino Unido (Inglaterra), França e China (representada por Taiwan, Ilha de Formosa, até 1972, quando foi substituída pela China Continental). Nos meses de setembro reúne-se a Assembleia Geral, com representação de todos os países membros, que atualmente são 193.

Primeira

A Grande Guerra, que viria em 1914, também chamada de Guerra Mundial, era prevista por muitos estudiosos no fim do século XIX.

As Três Causas da Guerra

Na segunda metade do século guerras muito significativas se desenrolaram nos vários continentes, e esses diversos conflitos é que pré-configuravam a eclosão de embate envolvendo o Velho Mundo e o Novo Mundo. Vale destacar a Guerra da Crimeia, de França, Grã-Bretanha, Império Otomano (Turquia) e Sardenha contra a Rússia, entre 1853 e 1856; a Segunda Guerra do Ópio, de Grã-Bretanha, França e Estados Unidos contra a China, de 1956 a 1960 (a Primeira Guerra do Ópio ocorreu de 1939 a 1942, mas só a Grã-Bretanha esteve lutando contra a China, e a aliança formada em 1956 prevaleceu no século XX); a Segunda Guerra de Independência Italiana, de França e Sardenha contra a Áustria, em 1859 (a Primeira Guerra de Independência Italiana deu-se entre 1848 e 1849); a Guerra Civil Americana (Guerra de Secessão), entre norte e sul dos Estados Unidos, de 1861 a 1865; a Guerra do Paraguai (Guerra da Tríplice Aliança), de Brasil, Argentina e Uruguai contra o Paraguai, de 1864 a 1870; a Guerra Boshin, do xogunato Tokugawa, para restaurar a dinastia Meiji no Japão, de 1868 a 1869; a Guerra Franco-Prussiana, de Baviera, Wurtemberg, Baden e Confederação da Alemanha do Norte contra a França de Napoleão III, de 1870 a 1871; a Guerra do Pacífico, de Bolívia e Peru contra o Chile, de 1879 a 1881; a Primeira Guerra dos Bôeres, da Grã-Bretanha contra sul-africanos, na África do Sul, de 1880 a 1881 (a Segunda Guerra dos Bôeres ocorreria de 1899 a 1902); a Primeira Guerra Sino-Japonesa, do Japão contra a China, de 1894 a 1895 (a Segunda Guerra Sino-Japonesa aconteceria de 1904 a 1905); a Guerra Hispano-Americana, entre Estados Unidos e Espanha em disputa pelos territórios de Cuba e Filipinas, em 1898; e, finalmente, Guerra dos Boxers, de Grã-Bretanha, Rússia, Japão, França, Estados Unidos, Alemanha, Itália e Império Austro-Húngaro contra a China, de 1900 a 1901.

Com o Império Austro-Húngaro exportando inflação para a vizinhança, não tardou a acontecer a Primeira Guerra dos Bálcãs, envolvendo Sérvia, Bulgária, Montenegro e Grécia contra o Império Otomano, de 1912 a 1913. O palco para o início da Guerra Mundial começou a armar-se ali.

Estopim. O que levou o Império Austro-Húngaro a invadir a Sérvia?

De 28 de julho de 1914 a 11 de novembro de 1918 desenvolveu-se a Grande Guerra, que depois de 1939 passou a ser chamada de I Guerra Mundial.

No dia 28 de junho de 1914 membros da família real da Áustria estavam em visita à cidade de Sarajevo. Um ativista sérvio contrário à ingerência do Império Austro-Húngaro nos Bálcãs, Gavrilo Princip, alvejou e matou o Arquiduque Francisco Ferdinando. Em resposta, o Império Austro-Húngaro deu um ultimato ao Reino da Sérvia, exigindo maior subserviência deste. O Império Russo, irmanado à Sérvia pelos laços étnicos, já que ambos consideram-se eslavos, perfilou-se ao lado desta.

No dia 28 de julho correu a notícia de que o Império Austro-Húngaro iniciava invasão à Sérvia e no mesmo dia a Alemanha invadiu a Bélgica, que havia declarado neutralidade. Por causa da invasão da Bélgica, a Grã-Bretanha declarou guerra à Alemanha. Logo a França se mobilizou para impedir o avanço das tropas alemãs sobre território francês. França e Grã-Bretanha atacavam pela chamada *Frente Ocidental*, enquanto o Império Russo enfrentava o Império Austro-Húngaro pela *Frente Oriental*.

Havia um pacto chamado *Tríplice Aliança* entre o Império Austro-Húngaro, o Império Alemão e o Reino da Itália, nações conhecidas como *Potências Centrais*. Isso levou à interpretação de que a I Grande Guerra iniciou-se com um conflito entre a Tríplice Aliança e a chamada *Tríplice Entente*, esta formada entre Império Russo, França e Grã-Bretanha. A Itália, porém, afastou-se da Tríplice Aliança desde a eclosão da guerra, por entender que, sendo o Império Austro-Húngaro o agressor, o pacto tinha sido desrespeitado.

Embora os búlgaros sejam também considerados eslavos, esse parentesco não ajudou num possível alinhamento com a Rússia. O Reino da Bulgária e o Império Otomano decidiram juntar-se ao Império Austro-Húngaro e ao Império Alemão na luta contra a Tríplice Entente. Do lado desta ficaram o Império do Japão, o Reino da Itália e os Estados Unidos.

Abdicação. Que atitude tomou o novo governo russo em março de 1917?

O conflito seguiu sem solução à vista até que, no início de 1917, enfraquecido pelas várias derrotas frente à Alemanha, o Tzar Nicolau II, da casa dos Romanov, viu-se confrontado com a Revolução de Fevereiro e abdicou. Seguiu-se o Governo Provisório, instalado no dia 15 de março (dia 2 no calendário que usavam, o Juliano), tendo como chefe de Estado o Príncipe Georg Lvov, da casa dos Rurikovich, advogado e ex-deputado pelo Partido Democrata Constitucional. O Governo Provisório retirou-se da Grande Guerra, o que fez os restantes países combatentes reavaliar suas ofensivas. Um dos grandes impérios da Tríplice Aliança havia caído, combalido.

O arranjo com Lvov na Rússia durou, porém, só quatro meses. No dia 21 de julho tomou posse outro advogado, Aleksander Kerensky, do Partido Social-Revolucionário. Seu governo durou até 7 de novembro (25 de outubro no velho calendário), quando foi derrubado e substituído pelo Comitê de Operários e Soldados da Revolução Russa, dirigido por Vladímir Lênin, que em março de 1918 firmou um acordo de paz com as Potências Centrais, contra as quais a Rússia lutava até o início do ano anterior.

As Três Causas da Guerra

Aleksander Kerensky, exilado, morreu em Nova Iorque no ano de 1970.

Alguns analistas entendem que, se não tivesse havido a Revolução Russa, a Grande Guerra poderia ter sido estendida por muitos anos mais. Dentro do chamado "esforço de guerra" instalava-se, na realidade, o negócio da guerra. Os jovens eram mandados ao campo de batalha como os galos de briga eram lançados na rinha, ante o olhar de uma plateia de idosos malvados. Sob o compromisso de preservar a vida de crianças, de mulheres e dos próprios idosos, a indústria de máquinas voltava-se para a produção de equipamentos bélicos, com demanda garantida. O fim da guerra representava um redirecionamento da economia, levando a um período de grande desemprego e até de epidemias, como ocorreu com a gripe espanhola, de 1918. Por esses e por muitos outros motivos, já se tinha como certo que, em relação à guerra, a melhor atitude possível é jamais iniciá-la.

Armistício. Como ocorreu o fim da monarquia alemã?

O que ocorreu após a Revolução Russa foi que a aliança entre Grã-Bretanha, França e Estados Unidos, acrescida da adesão de Itália, Japão, Grécia, Portugal, Romênia, Portugal, Sérvia, China e outros, incluindo o Brasil, que não entrou no campo de batalha, mas enviou navios de combate ao Canal da Mancha, recrudesceu seus ataques sobre a Alemanha, a potência que se mostrava como a líder da Tríplice Aliança, embora o conflito tenha sido deflagrado pelo Império Austro-Húngaro.

No dia 4 de novembro de 1918 o Império Austro-Húngaro apresentou uma proposta de armistício. Na Alemanha, já em agosto e setembro os comandantes Ludendorff e Hindenburg vinham recomendando uma rendição, avaliando que o império seria derrotado, inevitavelmente. No início de novembro, a exemplo do que aconteceu em São Petersburgo, uma revolução operária teve lugar em Berlim, derrubando a monarquia e fazendo o Kaiser (imperador) Guilherme II fugir e exilar-se na Holanda. No dia 11, a nova administração alemã aceitou assinar o armistício, o que resultou no fim da Guerra Mundial.

Entre os anos de 1917 e 1919, o Império Russo transformou-se na União Soviética, o Império Alemão tornou-se a República de Weimar, o Império Austro-Húngaro, que antes ia da divisa com a Suíça a leste à divisa com a Rússia a oeste, deixou de existir, separando-se em vários países, entre os quais a Áustria, a Hungria, a Albânia e as atuais Eslovênia e República Tcheca, e também se dissolveu o Império Otomano, que ia da fronteira oeste de Marrocos à fronteira leste do sul da Rússia, abrangendo o norte da África e o Oriente Médio, incluindo as atuais áreas de Israel, Egito, Gaza, Líbano, Síria, Iraque e Jordânia, restando dele o atual território da Turquia.

No dia 18 de janeiro de 1919 teve início a Conferência de Paz de Paris, sobre as reparações de guerra. Esse era o aniversário do Império Alemão, oficialmente proclamado no dia 18 de janeiro de 1871. O documento resultante foi redigido pelos quatro grandes entre os vencedores: Grã-Bretanha, França, Itália e Estados Unidos. Finalizado, ele foi apresentado aos alemães como proposta de acordo, no dia 7 de maio do mesmo ano, como *Tratado de Versalhes*.

Nazismo

A Constituição da República de Weimar continha uma lacuna grave, que também se encontra nas constituições de outros países mundo afora: não cassava os direitos políticos do indivíduo que sofresse condenação por tentativa de golpe de Estado. Hitler não só foi preso pelo "Putsch da Cervejaria", a tentativa de golpe de Estado a partir de Munique, em 1923, como sequer era alemão.

Foi condenado a cinco anos de reclusão, mas pagou pouco mais de um ano e ficou livre. Durante o período que passou na prisão, e logo depois disso, ditou seus dois livros a seu secretário Rudolf Hess e a seu amigo Emil Maurice: Minha Luta (*Mein Kampf*) e Minha Vida (*Mein Leben*).

Pregação. Como Hitler incluiu ligou os judeus à ideia de "raça"?
Em Minha Luta ele expôs a doutrina nazista, que basicamente explicitava o propósito de elevar a Alemanha a centro do poder político do mundo, e elegia ali o inimigo que vinha atrapalhando essa trajetória, que era o povo judeu, através de seus homens de negócios, que sugavam o país com exorbitantes juros bancários. Para insuflar as massas contra os judeus em cizânia racial, associava-os aos negros, afirmando que o povo judeu deveria ser perseguido por terem sido os comerciantes judeus os responsáveis por trazer os negros para o Vale do Reno, com o objetivo de enfraquecer o sangue alemão. Negros e semitas seriam, portanto, povos inferiores, e deveriam ser tratados como tal. No livro ele também afirmou que raramente surge alguém com a necessária estatura de líder para levar a cabo um tal empreendimento, dando a entender que esse líder deveria ser reconhecido na figura dele mesmo, Adolf Hitler. Para limpar o terreno, reclamou dos poderosos do momento, que desdenhavam os que não tinham instrução formal, que era o caso dele, diplomado apenas no curso primário.

Pouco depois de 1919, fase da aproximação com o Partido dos Trabalhadores Alemães (*Deutsch Arbeiter Partei*), Hitler encantou-se com as palestras do engenheiro Gottfried Feder, futuro ministro da economia em seu governo. Feder trazia para a Alemanha o cerne da doutrina econômica do proto-fascismo, de rejeição ao capital especulativo internacional, que comprimia e reduzia as forças do capital produtivo. O acréscimo que Hitler deu a essa concepção foi o de atribuir a banqueiros judeus o controle dessa grande fábrica de extorsão, invisível e opressiva. Estava aí formulada a teoria conspiratória que enlouqueceria os alemães.

Hindenburg. Como Hindenburg tentou impedir a ascensão de Hitler?

Ex-preso por tentativa de golpe, em 1932 Hitler lançou candidatura à presidência federal, deixando muito incomodado o Presidente Hindenburg, que encerrava seu mandato de sete anos. Hitler, já famoso pelo Putsch de 1923 e por seu discurso vingativo e chauvinista, tinha grandes chances de vencer o pleito. Para impedir isso, o Presidente Hindenburg aceitou concorrer à reeleição, contrariando sua vontade anteriormente manifestada.

Marechal herói da I Guerra, apesar da derrota alemã, Paul von Hindenburg era descendente direto de Lutero, e havia neutralizado definitivamente o Efeito Weimar econômico ao instalar-se em Berlim quando de sua posse em 1925. A Alemanha ganhou impulso industrial durante aquele primeiro mandato, com surgimento e crescimento das fábricas de automóveis e outras, o que levou a um consequente aumento do volume de emprego. Hitler, caso fosse eleito, poderia manter esse ritmo, e puxar a glória para si. Mas, enfim, ele perdeu a eleição para o próprio Hindenburg, que foi reeleito.

Deputado. Como Hitler contornou a derrota frente a Hindenburg?

A ambição política de Hitler não tinha limites, como todos sabemos. Vendo desfeito o sonho de eleger-se presidente, decidiu concorrer ao Parlamento, com o que poderia ser, na impossibilidade de ocupar o primeiro posto do país, o segundo líder na hierarquia, o chanceler da República, que é como na Alemanha chamam o cargo de primeiro-ministro.

Na primeira eleição ao Parlamento em 1932, o partido dele, denominado então de Partido Nacional-Socialista dos Trabalhadores Alemães, obteve 37% das cadeiras. Todos os outros partidos concorrentes estavam muito abaixo disso, de modo que o posto de premier caberia a ele. Hindenburg não se conformou e encontrou um meio de cancelar o pleito e convocar outro, semanas depois, deixando claro aos alemães que o resultado, alçando Hitler à condição de postulante principal à chefia de governo, não contava com sua aprovação. No entanto, nesse segundo pleito, sem que o presidente tivesse tempo suficiente para informar o eleitor, o partido de Hitler conseguiu 32% dos assentos. Hindenburg então passou a costurar um acordo entre o Partido Comunista e o Partido Católico, as duas grandes forças que estavam do lado contrário ao dos nazistas. Foram eleitos 28 partidos (Efeito Weimar político) e, com 68% das cadeiras fora das mãos dos nazistas seria muito fácil costurar uma aliança, se esses outros deputados tivessem uma bola de cristal para prever a desgraça que Hitler trazia, ou se tivessem a percepção clara de Hindenburg de que Hitler era um político de péssimo caráter.

Premier. Quem aconselhou Hindenburg a dar posse a Hitler?

Hindenburg desgastou-se muito buscando unir forças díspares contra Hitler. Depois de muitas tentativas infrutíferas, foi aconselhado por Franz Von Papen, ex-premier, do Partido de Centro, a dar posse a Hitler. Afinal, os chanceleres da República duravam muito pouco tempo no posto, e logo a Alemanha estaria livre do austríaco. O presidente cedeu, e em 1933 Hitler iniciou seu governo.

Uma das primeiras medidas do novo governo foi decretar a exoneração do serviço público de todo funcionário que fosse identificado como judeu. Albert Einstein, que depois de muita insistência de Max Plank, havia aceitado, poucos anos antes, engajar-se na Universidade de Berlim, foi um dos judeus atingidos por aquela medida.

No dia 2 de agosto do ano seguinte, 1934, Hindenburg faleceu.

Antes disso, no mês de março o chefe de governo retirou a cidadania alemã a todos os judeus do país. E no dia 30 de junho, em resposta, segundo os próprios nazistas, a um assassinato em Paris da parte de um judeu, ocorreu a Noite dos Longos Punhais, com ataques brutais a lojas de propriedade de judeus, resultando em centenas de mortes. Todos esses acontecimentos, e talvez outros de que ainda não temos conhecimento, levaram ao óbito do velho marechal, o que abriu para Hitler o caminho da ditadura.

Tivesse alguma hombridade, mesmo cheio de ambição, Hitler teria apresentado seu nome ao Parlamento para concorrer à cadeira presidencial, providenciando um substituto para o posto de primeiro-ministro, caso fosse eleito ao posto superior. O que ele fez, porém, foi muito condizente com sua índole. Convocou o plebiscito da "autonomeação", em que os alemães responderiam Sim ou Não a sua pretensão de autonomear-se presidente federal mantendo sua posição na chefia de governo. Seria um plebiscito de extinção do parlamentarismo.

Presidente. Quanto de apoio Hitler teve para tornar-se chefe de Estado?

Com um ano de governo, naquela altura os alemães imaginavam que Hitler seria o homem certo para dar continuidade ao crescimento econômico alemão. Sua vitória no plebiscito foi de 88%.

Empossado como líder máximo, passou a dar curso a suas pretensões de expansão da Alemanha.

O primeiro ato de controntação ao Tratado de Versalhes e à Liga das

As Três Causas da Guerra

Nações foi o plebiscito de incorporação do Sarre, em janeiro de 1935. O Sarre (Saarland) é uma unidade administrativa criada pelo Tratado de Versalhes na fronteira da Alemanha com Luxemburgo e a França, com pouco mais de 2.500 km², e que vinha, desde 1919, sendo governada pela Liga das Nações. Poderia ser hoje um território da ONU, talvez sua sede governamental. Mas a consulta que Hitler promoveu lá teve como resultado 90% de apoio à incorporação à Alemanha. Foi a primeira derrota da Liga das Nações e, indubitavelmente, o prenúncio de sua dissolução.

A partir de então Hitler negou-se a ver qualquer autoridade mundial acima da sua. No mês de março, decretou a formação da Força Aérea e o restabelecimento do serviço militar obrigatório. Nos dias seguintes, fez vistas grossas ao ato da Liga das Nações que condenou aquelas decisões de rearmamento, contrárias às decisões do Tratado de Versalhes. A entidade continuou a emitir notas de condenações aos atos nazistas, mas sua voz tinha peso cada vez menor. Em 31 de agosto o governo dos Estados Unidos promulgou sua Ata de Neutralidade, deixando Hitler à vontade para agir na Europa. Embora muitos judeus dos Estados Unidos clamassem por uma tomada de posição antinazista por parte do país, a indústria vinha ganhando muito com a retomada econômica da Alemanha, fornecendo máquinas e equipamentos e instalando lá poderosas multinacionais, o que vinha ajudando muito na superação da grande Crise de 1929.

Pactos. Como se iniciou a cooperação entre Hitler e Mussolini?

Em julho de 1936, dias depois da eclosão da Guerra Civil Espanhola, Hitler e Mussolini enviaram equipamentos militares aos revoltosos de Francisco Franco. Tal ação levou ao acordo que veio a ser assinado em Berlim pela chancelaria italiana em outubro e proclamado em Roma por Mussolini, no chamado *Pacto Roma-Berlim*, em novembro. Neste mesmo mês, Itália e Alemanha reconheceram o governo golpista de Francisco Franco. Ainda em novembro Alemanha e Japão firmaram o *Pacto Antikomintern*, que recebeu a adesão da Itália no ano seguinte.

Em março de 1938 os alemães entraram e Viena e logo declararam o *Anschluss* (a anexação). No dia 29 de setembro realizou-se a *Conferência de Munique*, entre Hitler, Chamberlain (Inglaterra), Mussolini (Itália) e Daladier (França). Firmaram-se no dia seguinte os *Acordos de Munique*, que reconheciam à Alemanha o direito de anexar a região dos Sudetos, de maioria alemã na então Tchecoslováquia, que vinha insistindo na passagem do território para jurisdição germânica. Em outubro os alemães tomaram a região.

No começo do ano seguinte o aliado de Hitler Francisco Franco tomou Barcelona e mostrou sua superioridade militar na *Guerra Civil Espanhola*, tendo seu governo reconhecido por França e Inglaterra. A tomada de Madri viria no dia 1º de abril. Em março desse ano de 1939 os alemães tomaram a Tchecoslováquia, que meses antes havia incorporado a Hungria. No mesmo mês Hitler passou a reivindicar a posse alemã de Dantzig (Gdansk), que estava em mãos da Polônia.

Comemorando entre auxiliares e amigos seus grandes avanços naqueles dias, Hitler, em sua casa de campo, deixou transparecer uma grave preocupação. Disse: "Se Churchill ganhar as eleições britânicas, estaremos em apuros".

Pode-se dizer que, mesmo antes da data oficial do início da II Guerra, no dia 1º de setembro, o mundo estava conflagrado. Além da Guerra Civil Espanhola, uma batalha muito sangrenta entre árabes e judeus tomava lugar no protetorado britânico do território que viria a ser o Estado de Israel, tomado da Turquia em 1917, após sua derrota na I Guerra. A Itália, que já havia tomado a Abissínia, na África, invadia e incorporava agora a Albânia, no mês de abril. No Oriente, o Japão vinha guerreando com a China há vários meses e, no mês de maio, lutou também contra a Rússia, então parte da União Soviética, na fronteira com a Mongólia. Hitler, contando com um substancial enfraquecimento dos russos no lado oriental, incumbiu sua chancelaria de assinar o acordo de não agressão germano soviético, o que se deu no *Pacto Mólotov-Ribbentrop*, no dia 23 de agosto. No dia seguinte, confiando naquela iniciativa, o Presidente Franklin Delano Roosevelt e o Papa Pio XII fizeram a Hitler um apelo em favor da paz mundial.

Nem Roosevelt nem Pio XII disseram explicitamente em sua mensagem, mas estava implícito o pedido a Hitler para não invadir a Polônia. A invasão, porém, era inegociável para chefe do governo alemão.

As tropas alemãs invadiram a Polônia no dia 1º de setembro, bombardearam Varsóvia, Lodz e Cracóvia e, no dia seguinte, tomaram Dantzig.

Capítulo 2 - Recidiva

Que a II Guerra foi recidiva da I Guerra não há muita dúvida. Mas é possível também entender que a I Guerra foi recidiva da Guerra Franco-Prussiana, de 1871. Com a derrota infligida a Napoleão III, que queria anexar Luxemburgo, por Bismarck, que ganhou para a Alemanha no fim do conflito o território francês da Alsácia-Lorena, os alemães podem ter desenvolvido a convicção de que futuras batalhas entre Alemanha e França dariam vitória a eles. E se perdessem, como ocorreu na I Guerra, uma revanche resolveria a questão. Obviamente, tudo isso é especulação, mas a psicologia social é uma ciência clara.

Na Conferência de Versalhes, o jovem economista John Maynard Keynes trabalhava na equipe britânica. Elaborado o Tratado, ele decidiu retirar-se e voltar a Londres, recusando-se a apor sua assinatura no documento, alegando que as sanções sobre os perdedores eram insensatas, de tão duras, e levariam a um novo conflito na primeira oportunidade. Bertrand Russell, seu amigo e colega sênior na Universidade de Cambridge, escreveu em alguns livros que a II Guerra Mundial estava sendo preparada.

As digressões e informações acima servem para relativizar a centralidade da figura doentia de Hitler. Em 1919 Keynes não podia imaginar que um cabo de origem austríaca, provavelmente mutilado de guerra (muitos dizem que Hitler sofreu um tiro na genitália durante uma batalha), viesse a despontar insuflando e rearmando a Alemanha para um novo conflito. Mas ele enxergou que alguma liderança de peso poderia, com chances consideráveis, arregimentar forças humilhadas para uma grande vingança. Nesse tempo ele preparava sua tese de doutorado, a ser apresentada em 1921, com o título "Tratado sobre a Probabilidade".

Hiperinflação. Que banqueiro deu cacife à ascensão de Hitler?

O que não foi possível prever foi o rápido crescimento econômico da Alemanha, mesmo submetida às restrições drásticas do Tratado de Versalhes. Esse crescimento, muito mais que uma reação frente aos vitoriosos da I Guerra, foi resultado de resposta positiva ao desastre da República de Weimar, que, embora oficialmente só tenha sido dissolvida em 1933, com a chegada de Hitler ao poder, 15 anos após sua criação em novembro de 1918, teve seu período malfadado entre os anos de 1919 e 1923, por ter sido mergulhada numa hiperinflação de dimensões inéditas na história mundial.

Ainda que se considere o início da estabilização monetária o lançamento da moeda Rentenmark, pelo presidente do Reischbank, Hjalmar

Schacht, em novembro de 1923, e denomine-se o evento de "o milagre do Rentenmark", sob a presidência de Friedrich Ebert, que dirigiu o país de 1919 a 1925, foi com a chegada de Hindenburg à presidência que a economia ganhou pulso. Juntamente com Franz von Papen, Hjalmar Schacht deu aval à ascensão de Hitler em 1932, sendo premiado depois com o posto de ministro da Economia, de 1934 a 1937.

Depois de passar alguns anos sob hiperinflação, o impulso produtivo que o país adquiriu ao ver-se livre dela compara-se à força de um gigantesco dique que tenha acumulado água constantemente em todo aquele período e só então possa fazer uso dela. É certo que a hiperinflação empobrece a todos, ricos, médios e pobres, mas o momento da estabilização monetária eleva a alturas inimagináveis o "animal spirit" empresarial. Toda a vontade de investir e produzir, represada pelos anos inflacionários, expõe-se sem medo e sem ressalvas. A uma doença terrível, que é a hiperinflação, segue-se uma verdadeira sensação de milagre.

Polônia. Que aconteceu na Inglaterra logo após Hitler invadir a Polônia?

Foi nesse clima que Hitler sentiu-se confortável para invadir a Polônia no dia 1º de setembro e, no dia 2, tomar Dantzig.

No dia 3 de setembro, no entanto, Winston Churchill passou a fazer parte do governo britânico. No mesmo dia, Índia, Nova Zelândia e Austrália declararam guerra à Alemanha. Os Estados Unidos reafirmaram sua neutralidade, seguidos pelo Japão no dia seguinte. É importante lembrar que enquanto a chancelaria e o gabinete imperial do Japão diziam-se aliados dos Estados Unidos, como ocorreu na I Guerra, o Estado Maior e a chancelaria secretamente urdiam planos no sentido contrário.

No dia 9, o Canadá, outro membro da *Commonwealth*, também declarou guerra à Alemanha. Enquanto isso os alemães consolidavam suas posições na Polônia, o Japão firmava um armistício com a União Soviética e esta, no dia 17, invadia a também Polônia pelo lado oeste, aproveitando-se do enfraquecimento a que os nazistas já a haviam submetido.

No dia 8 de novembro Hans Frank foi nomeado governador-geral da Polônia, impondo ao país a doutrina nazista. No dia 30 foi a vez de a União Soviética atacar a Finlândia, bombardeando a capital Helsinque, o que levou a Liga das Nações a expulsá-la de seus quadros no mês seguinte.

Em janeiro de 1940, Dinamarca, Noruega e Suécia declararam neutralidade, mas Churchill fez um apelo aos que se mantinham neutros para juntar-se aos aliados contra a expansão nazista. O papa, no dia 22, emitiu nota condenando os abusos nazistas na Polônia.

Em fins de fevereiro a Suécia proibiu o trânsito de tropas aliadas em seu território, medida que não foi seguida por Noruega e Dinamarca e já no

As Três Causas da Guerra

dia 1º de março Hitler ordenou a invasão dessas duas nações.

No dia 10 de maio os alemães invadiram a Bélgica, a Holanda e Luxemburgo. Na mesma data, Neville Chamberlain caiu, em Londres, após ordenar a invasão da Islândia, e Churchill foi nomeado primeiro-ministro. No dia 13 ele fez o discurso histórico ao Parlamento, em que dizia poder oferecer apenas "sangue, suor e lágrimas". O campo de concentração de Auschwitz entrou em funcionamento na semana seguinte, dia 20.

No dia 3 de junho a aviação alemã bombardeou Paris e no dia 5 o governo francês, formado por Reynaud, Pétain, Daladier e Mandel, nomeou Charles De Gaulle como subsecretário de Estado para a Defesa. Ante os avanços nazistas na França e ataques ao sul da Inglaterra, no dia 7 a aviação britânica bombardeou Berlim. No dia 10 a Itália declarou guerra ao Reino Unido e à França, invadindo o sul desta e sendo expulsa pelos aliados. No dia 12, porém, bombardeou Lyon. No dia 14 os nazistas tomaram Paris e o governo francês instalou-se em Bordéus.

No dia 12, Reynaud exonerou-se do governo e o Marechal Philippe Pétain formou novo gabinete. No dia 17 comunicou que pediu um armistício ao governo alemão. Ante essa rendição, o governo britânico reconheceu o General Charles De Gaulle como chefe das Forças Francesas Livres.

No Japão, instalou-se novo governo no dia 22, tendo o General Tojo Hideki como ministro da guerra e Matsuoka Yosuke como ministro das relações exteriores. Yosuke formou-se advogado nos Estados Unidos, mas desenvolveu depois uma grande aversão ao país.

Vichy. Como os países francófonos receberam o governo de Vichy?

No dia 1º de julho de 1940 o governo francês instalou-se na cidade de Vichy, selando nesse dia o início da curva descendente do ciclo de vida do nazismo, como veremos daqui a pouco. No dia 10 a Assembleia de Vichy investiu Pétain com plenos poderes sobre a França, o que inaugurou a França Colaboracionista. No dia seguinte, o marechal foi nomeado chefe de Estado, na realidade, de um Estado tutelado.

Ainda em julho, no dia 24, os alemães tentaram invadir a Inglaterra usando aviões e navios, mas foram rechaçados. Nesse mês, vários países francófonos aliaram-se a De Gaulle, recusando-se a reconhecer o governo de Vichy. Enquanto isso, Romênia aliou-se aos alemães.

No dia 2 de agosto o Governo de Vichy julgou De Gaulle um general rebelde e, à revelia, condenou-o à morte. Também no início desse mês, Estônia, Letônia e Lituânia, que vinham sendo atacadas pelos russos, tornaram-se repúblicas soviéticas.

No dia 28 iniciaram-se os bombardeios noturnos contra cidades britânicas, atingindo-se Londres, Liverpool, Manchester e várias outras. A resposta de Londres foi bombardear novamente Berlim.

No mês de setembro continuaram os bombardeios sobre Londres, com ataque, inclusive, sobre o prédio do Parlamento.

Britânicos. Como Alan Turing decifrou o código dos mísseis nazistas?

Um grupo de cientistas, entre os quais o jovem matemático Alan Turing, de 26 anos, iniciou estudos, a partir de trabalhos do serviço de inteligência da resistência polonesa, para decifrar os códigos nazistas de disparos de mísseis. Alan Turing e Gordon Welchman projetaram uma poderosa calculadora, a que deram o nome de "A Bomba", destinada a ajudar a desvendar o funcionamento da máquina "Enigma", usada pelos nazistas. As decisões quanto aos bombardeios eram tomadas pela Enigma, e sequer os oficiais que a operavam podiam prever o que ela viria a determinar. Em três meses de trabalho com "A Bomba", Turing, doutor em Criptologia, conseguiu resolver o problema. Muitos milhares de vidas foram salvas, porque a partir dali os ataques nazistas não eram mais segredo. Depois da guerra, Turing, homossexual, aceitou submeter-se a tratamento hormonal, para que fosse apresentado como herói, sem afrontar a lei britânica que punia com prisão os atos homossexuais. Durante muito tempo acreditou-se que o tratamento, então rudimentar, levou-o à morte, aos 41 anos de idade. Posteriormente, talvez por conveniência de Estado, formou-se o consenso de que ele morreu por suicídio, envenenando-se.

Ainda em setembro de 1940, no dia 23, o Japão invadiu a Indochina (Vietnã, Laos e Camboja), que pertencia à França. No dia 25 os Estados Unidos passaram a restringir as exportações de petróleo aos japoneses e no dia 27 o Japão firmou com a Itália e a Alemanha o Pacto Tripartite, conhecido como *Eixo Roma-Berlim-Tóquo*.

No dia 28 de outubro a Itália invadiu a Grécia e no dia seguinte tropas britânicas desembarcaram na Ilha de Creta.

No dia 5 de novembro Roosevelt foi reeleito nos Estados Unidos e seu discurso nesses dias era de auxílio a todos os que combatessem contra o Eixo, isto é, contra o nazifascismo.

Em 1941, no dia 7 de janeiro, o comandante do exército japonês propôs em memorando interno um ataque surpresa a Pearl Harbor, Havaí, que é parte dos Estados Unidos. Os ataques aéreos dos nazistas sobre Londres continuavam. Os britânicos respondiam com bombardeios sobre várias cidades alemãs.   No fim de fevereiro, eles tomaram na África Oriental a Somália, que vinha sendo colonizada pela Itália.

Nos meses seguintes grandes batalhas desenrolaram-se no norte da África e nos Bálcãs. Embora os britânicos tenham reconquistado a Eritreia, os alemães, que já dominavam a Grécia, sucedendo a Itália, tomaram a

Iugoslávia, afugentando o Rei Pedro II, que era aliado dos britânicos. Bulgária e Romênia já estavam com o Eixo.

Na Península Arábica o Reino do Iraque tinha declarado apoio ao Eixo, mas os britânicos desfecharam vários ataques ao país e fizeram o monarca fugir para a Alemanha, com os iraquianos assinando um armistício com o Reino Unido.

Rússia. No Cerco de Leningrado, quantos morriam de fome a cada dia?

Hitler enxergava na resistência britânica um acidente de percurso, que atrapalharia, mas não impediria o plano de expansão nazista. Assim foi que, no dia 25 de junho, iniciou-se a Guerra de Continuação, com alemães e finlandeses lutando contra a União Soviética. No dia seguinte, Mussolini enviou divisões em apoio aos nazistas nessa ofensiva, e no dia 30 a França de Vichy rompeu relações com os soviéticos.

Ao longo do mês de julho os alemães tomaram a Letônia, a Bielorrússia (Belarus) e a Bessarábia e no dia 24 bombardearam Moscou. Em ataque a Smolensk prenderam Yákov Dzhugashvili, filho de Stálin.

Nas ofensivas contra Leningrado (São Petersburgo), ex-capital da Rússia, e Kiev, capital da Ucrânia, assim como contra outras grandes cidades, a estratégia dos alemães foi a de impedir a chegada de víveres, matando assim de fome muitos milhares de soviéticos.

No dia 27 de julho tropas japonesas entraram em Saigon, Indochina (Vietnã), e no dia 29 firmou acordo com a França Colaboracionista para dividir entre ambos a defesa da então colônia.

No dia 25 de agosto tropas britânicas e soviéticas entraram em Teerã, expulsando o xá (imperador), que era favorável ao Eixo, e empossando o filho dele, Mohammad Reza Pahlevi, como novo xá da Pérsia (Irã).

No dia 4 de outubro os Estados Unidos deixaram de exportar petróleo para o Japão, detalhe que seria usado pelo governo Tojo, instalado no dia 16 do mesmo mês, como justificativa para as hostilidades crescentes contra Franklin Roosevelt.

Ainda no início de outubro os soviéticos retiram mulheres e crianças de Moscou, enquanto as tropas derrotavam os sucessivos ataques nazistas. No fim do mês o inverno chegou à cidade com temperaturas baixíssimas, o que ajudou os russos, acostumados com aquela situação.

No mês de novembro, sob o Cerco de Leningrado, o número de pessoas morrendo de fome a cada dia foi estimado em 400.

No dia 5 de dezembro, ajudados pelo "general" inverno, tal qual ocorreu no século anterior em relação a Napoleão Bonaparte, os russos expulsaram definitivamente os alemães dos arredores de Moscou. O jogo começou ali a virar em favor dos soviéticos.

Havaí. Em que dia de 1940 ocorreu o ataque sobre Pearl Harbor?

Dois dias depois, 7 de dezembro, da derrota alemã em Moscou, Rommel iniciou também a retirada das tropas nazistas do norte da África. Os japoneses reagiram a esses recuos de forma dura e aparentemente desesperada, mas também, o que é muito provável, com o intuito de tomar o lugar dos alemães na liderança do Eixo. Atacaram a base militar norte-americana em Peal Harbor, Havaí, e em seguida declararam guerra aos Estados Unidos, à Grã-Bretanha, ao Canadá e à Austrália. Ainda no dia 7, ocuparam a zona internacional de Xangai.

No dia 8, atacaram Hong Kong e invadiram as Filipinas e a Malásia. No dia seguinte, 9 de dezembro, a China declarou guerra à Alemanha e à Itália, e no dia 13 os japoneses ocuparam a Ilha de Guam, que era outra base dos Estados Unidos no Oceano Pacífico.

No dia 22 de dezembro Churchill reuniu-se com Roosevelt em Washington para estabelecer um Estado Maior conjunto para a guerra contra o Eixo. No mesmo dia os Estados Unidos bombardearam Davao, nas Filipinas. A partir desse dia os Estados Unidos tornaram-se partícipes da guerra, não apenas com apoio material e financeiro, mas com tropas.

Midway. Qual feito os Estados Unidos realizaram na Batalha de Midway?

Em 1942, no dia 3 de janeiro as Forças Aliadas nomearam o General Chiang Kai-Shek como seu comandante em território chinês. No dia 11 de fevereiro, em encontro em Sevilha, Salazar, premier de Portugal, e Franco, ditador da Espanha, declararam a neutralidade de seus países no conflito mundial. Em maio, dia 12, David Ben-Gurion emite declaração em favor da criação de um Estado para os judeus, em torno de Jerusalém. Ainda nesse mês, os japoneses conquistaram a Birmânia (Myanmar) e garantiram várias posições nas Filipinas, na China e no sudeste asiático. Os alemães recobraram forças e reconquistaram posições na Ucrânia, enquanto Rommel lançava ofensiva para garantir o controle da Líbia.

No dia 1º de junho o campo de extermínio de Treblinka entrou em funcionamento, e no dia 7 os Estados Unidos afundaram a frota de porta-aviões do Japão na *Batalha de Midway*, iniciando a quebra do poderio japonês no Oceano Pacífico. No dia 25.o general Eisenhower chegou à Inglaterra, para comandar as tropas dos Estados Unidos que estavam baseadas ali.

Com os alemães voltando a atacar áreas da União Soviética, no dia 17 de julho iniciou-se a Batalha de Stalingrado (Volgogrado), que resultou em cerca de dois milhões de mortos dos dois lados do conflito.

Nesse ano de 1942 intensificava-se na Índia a luta pela independência frente à Grã-Bretanha. No dia 9 de agosto tumultos em várias partes da então colônia levaram à prisão de importantes líderes independentistas, entre os quais Gandhi e Nehru.As manifestações continuaram no dia seguinte, resultando em distúrbios sangrentos.

Semanas depois da entrada do México na guerra, no dia 22 de agosto, depois de um ataque nazista a um navio mercante de bandeira brasileira, o Brasil declarou guerra à Alemanha e à Itália.

Dias depois de um encontro de Laval com Hitler, ante o fiasco do governo francês em Vichy, no dia 10 de novembro a França foi ocupada por tropas alemãs e italianas. No dia 18 o Marechal Pétain teve de entregar oficialmente o poder a Laval. Naquela altura, Vichy já havia destruído moralmente o nazismo.

Internacional. Por que Stálin dissolveu a III Internacional dos Trabalhadores?

Em 1943, o cerco de Stalingrado foi quebrado pelos russos, no dia 11 de janeiro, e no dia 16 os ingleses retomaram os ataques sobre Berlim, reforçados pelo anúncio de que o Iraque, antes dominado pelos alemães, declarava guerra ao Eixo. O cerco de Leningrado (São Petersburgo) foi quebrado no dia 18, pelas forças soviéticas. Sob fortes ataques das Forças Aliadas, no dia 21 os alemães fugiram de Trípoli, capital da Líbia.

O Marechal-de-Campo Friedrich Paulus, comandante das forças nazistas na *Batalha de Stalingrado*, pediu a Hitler autorização para render-se, mas teve negada a demanda. Dias depois, na data de 31 de janeiro, foi preso pelos russos, o que pôs fim à ofensiva alemã naquela cidade..

No dia 19 de fevereiro Goebbels fez em Berlim o anúncio da "guerra total". Mas no dia 20, como um sinal do enfraquecimento das forças do Eixo e de seu poder de persuasão, os operários da Fiat, na Itália, iniciaram a primeira greve política contra o regime fascista. No mesmo mês, um pequeno comando norueguês, na Operação Gunnerside, atacou e inutilizou a usina de produção de água pesada que os alemães mantinham em Norsk Hydro, impedindo com isso uma possível fabricação de bomba atômica nazista.

No dia 13 de março oficiais alemães instalaram uma bomba num avião em que Hitler viajaria. Foi outro sinal de que o nazismo estava em decadência. O artefato, porém, não explodiu, por algum defeito. Nesse mesmo dia iniciou-se a transferência dos judeus do gueto de Cracóvia para campos de extermínio. Quando mais o nazismo percebia sua vulnerabilidade, mais cruel era a resposta sobre os que estavam submetidos a eles.

Nesses dias intensificaram-se os ataques das forças dos Estados Unidos sobre Nápoles, Palermo e outras cidades italianas. No dia 18 de abril, caças dos Estados Unidos atacaram o avião em que viajava o comandante japonês Isoroku Yamamoto, matando-o, com a derrubada do aparelho.

No dia 15 de maio, em gesto de boa vontade, Stálin dissolveu a Internacional Comunista (III Internacional, ou III Associação Internacional dos Trabalhadores), que era uma entidade que impedia acordos entre os soviéticos e as Forças Aliadas ocidentais, já que o propósito dela era expandir a revolução proletária em torno do mundo, com a derrubada de governos constituídos.

Mussolini. Como se deu a demissão de Mussolini do posto de premier?

Em junho, dia 3, de 1943, ocorreu um revés para os aliados na América do Sul, com o Coronel Juan Domingos Perón, simpático ao nazifascismo, tomando o poder na Argentina através de golpe de Estado.

No dia 13 de julho, os guerrilheiros de Tito, que lutavam contra os nazistas nos Bálcãs, proclamaram a República Democrática da Croácia. No dia seguinte, De Gaulle declarou que Argel, norte da África, passava a ser a capital provisória da França.

Com algumas cidades italianas já tomadas pelos aliados e outras sob intenso bombardeio, o rei Vítor Emanuel III convocou Mussolini para uma reunião, no dia 25 de julho, mas assim que o Duce entrou na limousine recebeu voz de prisão. Foi destituído do posto de primeiro-ministro e em seu lugar o monarca nomeou Pietro Badoglio. No dia seguinte distúrbios na cidade de Milão resultaram na morte de mais de 200 partidários de Mussolini. No dia 28 o Partido Fascista foi oficialmente extinto. O governo alemão perdeu esse importante aliado a oeste, mas no dia 30 enviou oito divisões para enfrentar as tropas da "Campanha da Itália", que combatiam os nazifascistas no território.

No dia 17 de agosto os aliados dominaram completamente a Sicília, continuando bombardeios sobre várias outras cidades italianas. Só no dia 19 foi que o governo do país decidiu sentar-se à mesa para negociar o armistício com os aliados. Isso, porém, não significou o fim dos ataques dos aliados sobre cidades que ainda permaneciam sob domínio do Eixo.

No dia 8 de setembro o armistício entrou em vigor, mas no dia 9 os alemães avançaram sobre Roma, fazendo com que a família real e o primeiro-ministro partissem em fuga para Brindisi. Mesmo assim, a princesa Mafalda e o marido Felipe de Hesse-Kassel foram presos e enviados a um campo de concentração. Restou claro que Mussolini, como Pétain em Vichy, governava como preposto alemão. Mas nesse mesmo dia, a Pérsia (Irã), nas mãos do Xá Mohammed Reza Pahlevi, declarou guerra à Alemanha, reforçando o lado das Forças Aliadas.

As Três Causas da Guerra

Eisenhower. Em que dia de 1943 Eisenhower tornou-se comandante supremo?

No dia 12 um comando nazista resgatou Mussolini da prisão, em Gran Sasso. No dia seguinte, Chiang Kai-Shek, general de confiança das Forças Aliadas, foi eleito presidente da China. Para infortúnio seu, não exerceu o governo em Pequim, mas em Nanquim, que já não tinha status secular de capital nacional.

No dia 23, com ajuda nazista Mussolini proclamou sua República Social Italiana, em Saló, que ficou conhecida como República de Saló. Para isso teve de entregar aos alemães as regiões de Trieste, Fiume, Ístria e Alto Adígio.

Em Nápoles, no dia 28 de setembro, iniciou-se o levante popular contra a ocupação nazista, no que ficou conhecido como os Quatro Dias de Nápoles.

No dia 13 de outubro o governo italiano declarou guerra à Alemanha, mas os nazistas continuavam dominando Roma e prendendo principalmente os judeus da cidade. No dia 24 bombardearam Nápoles, que tinha sido tomada pelas Forças Aliadas no início do mês, após o levante popular. No dia 30, Badoglio assinou a volta das liberdades democráticas e dos partidos políticos na Itália.

No dia 27 de novembro, depois de ter um submarino seu atacado por nazistas, a Colômbia declarou guerra à Alemanha. No dia seguinte teve lugar em Teerã a primeira conferência entre Stálin, Franklin Roosevelt e Churchill.

No dia 4 de dezembro formou-se um governo da área liberada nos Bálcãs, a Iugoslávia, tendo Tito como presidente provisório. No dia 15, Estados Unidos, Reino Unido e União Soviética reconheceram a presidência de Tito.

No dia 17, o capitão Axel von dem Bussche tentou um ataque suicida contra Hitler, mas a explosão da bomba não alcançou o líder nazista.

No dia 24, véspera do Natal, as Forças Aliadas nomearam Eisenhower como comandante supremo das forças em luta contra o nazifascismo em toda a Europa.

Vítor. Quem sucedeu Vítor Emanuel no trono da Itália?

A primeira semana do ano de 1944 trazia fortes indicações de que a II Guerra Mundial estava perto do fim, com o pêndulo favorecendo as Forças Aliadas, que, no entanto, tinha ciência de que a vitória custaria ainda muito "sangue, suor e lágrima".

No dia 1º de janeiro a Real Força Aérea britânica usou 700 aviões para bombardear Berlin, repetindo a operação no dia 2, dia em que tropas dos Estados Unidos iniciaram a conquista da base naval japonesa de Rabaul. No dia 3 os ingleses bombardearam Turim e no dia 4 os Estados Unidos bombardearam Dupnitsa, na Bulgária, país que tinha como monarca o príncipe Simeão, de seis anos, desde que, meio anos antes, seu pai, o rei Bóris III, morreu enquanto voltava de um encontro que foi ter com Hitler, para acertar detalhes do apoio búlgaro aos nazistas.

No dia 5 forças dos Estados Unidos bombardearam Dusseldorf e Bordéus, além de outras cidades alemãs e francesas importantes. Nos dias e semanas seguintes os bombardeios por parte das Forças Aliadas continuaram, porque era necessário garantir o paulatino enfraquecimento das bases nazifascistas.

Até esse início de 1944, e desde 1º de julho de 1940, com o estabelecimento do regime de Vichy, na França, o mundo não conheceu um dia sem que um bombardeio fosse realizado sobre alguma cidade ou sobre alguma base militar. Ganharia a guerra quem conseguisse agregar mais território, mais produção de armamentos e maior uso de inteligência militar. Com a Declaração de Neutralidade de Portugal e Espanha, Os alemães pareciam ter dominado toda a Europa ocidental, após a ocupação da França. Se derrotassem Stálin, e incorporassem a União Soviética, toda a Europa continental seria nazista, e dominar a Grã-Bretanha seria apenas uma questão de tempo e paciência.

A culpa não foi dos cálculos dos oficiais nazistas. Tudo para eles estava bem. Esqueceram-se simplesmente de incluir na conta o poder do notório "general inverso" russo, e ignoravam completamente a ação corrosiva do Efeito Ravena, que já os havia beneficiado na forma do Efeito Weimar, quando Schacht emprestou a Hitler seu prestígio e seu cacife como artífice da estabilização monetária alemã de 1923, mas agora vinha revestido de uma coloração nova mais devastadora: o regime de Vichy. Semanas depois de instalado ali, e não em Paris, o governo nazifascista do Marechal Pétain, praticamente todas as colônias e ex-colônias francófonas alinharam-se com a Resistência. Não é que o General De Gaulle tivesse um carisma irresistível. Muito pelo contrário. A debandada contra Pétain deveu-se a seu regime artificial na cidade de Vichy.

Como resultado do Processo de Verona, no dia 11, foram executados cinco líderes fascistas: Ciano, Marinelli, Gottardi, Pareschi e o marechal Emilio de Bono. Outros líderes conseguiram fugir.

No dia 17 iniciou-se a Batalha de Montecassino.

No dia 24, o Exército Vermelho, dos soviéticos, romperam finalmente o Cerco de Leningrado, afugentando os alemães, em ação completada no dia 14 de fevereiro..

Na Indochina, Ho Chi-Min proclamou, no dia 28 de março,, o Governo Provisório da República do Vietnã.

No dia 19 de maio encerrou-se a Batalha de Montecassino, com vitória das Forças Aliadas.

No dia 4 de junho as Forças Aliadas entraram em Roma, desbaratando os nazistas, e no dia seguinte o Rei Vítor Emanuel III abdicou em favor do filho, o príncipe Umberto de Saboya.

Dia-D

No dia 6 de junho as Forças Aliadas desembarcaram na Normandia, na Operação Overlord. O fato ficou conhecido como Dia D. O plano, porém, foi descoberto pelos nazistas, que contra-atacaram, derrubando mais de 900 aviões, em combate no dia 13. Mesmo diante daquela adversidade, a ofensiva teve continuação e mostrou-se decisiva no desfecho do conflito mundial.

No dia 20, tropas soviéticas entraram na Finlândia, que não havia aceitado a proposta de armistício oferecida por Moscou.

No dia 22, a Real Força Aérea britânica bombardeou com 600 aviões as áreas em poder dos alemães na Normandia.

No dia 26, por erro de cálculo, as forças britânicas bombardearam a República de San Marino, situada no nordeste da Itália. No mesmo dia, aviões dos Estados Unidos atacaram Viena, desta vez sem erros de cálculo.

No dia 1º de julho iniciaram-se os Acordos de Bretton Woods, nos Estados Unidos. Ali, por sugestão de John Maynard Keynes, foi criado o Fundo Monetário Internacional (FMI), com participação inicial de 44 países. Foi também criado o Banco Mundial, que seria dirigido por técnicos indicados pelos Estados Unidos, enquanto o FMI seria dirigido por franceses. A Organização Mundial do Comércio (OMC) foi proposta por Eugênio Gudin, mas Keynes achou que era muito cedo para o lançamento de uma tal entidade, que só viria a concretizar-se em 1968.

No dia 5, os britânicos bombardearam Dijon, enquanto as forças dos Estados Unidos atacaram Montpellier e Tolon. No mesmo dia os russos reconquistaram Minsk, capital da Bielorrúsia (Belarus). No dia 15 os Estados Unidos retomaram a base de Guam, no Pacífico.

No dia 20, o Coronel Claus von Stauffenberg pôs em prática um atentado a bomba (Operação Valquíria) contra Hitler, mas o plano fracassou e os implicados foram executados.

No dia 1º de agosto, o Exército Vermelho, que após derrotar os alemães em São Petersburgo continuaram os avanços no sentido oeste, chegaram a Varsóvia, na Polônia. Hitler, tomando conhecimento disso, ordenou a destruição total da cidade pelas tropas nazistas.

No dia 20 os alemães prenderam o Marechal Pétain em Vichy, levando-o a Belfort, e no dia 25 o general Dietrich von Chollitz assinou a capitulação das tropas alemãs em Paris, entregando o comando da cidade ao general Leclerc.

.   Aqui tivemos o marco mais significativo na trajetória de queda dos nazistas: a reconquista aliada de Paris, no dia 25 de agosto de 1944. Depois disso, a derrota de Hitler seria questão de semanas ou de dias.

Paris. Que linhas políticas formaram o governo da França com De Gaulle?

No dia 1º de setembro, reafirmando a importância da reconquista de Paris, Eisenhower entregou o comando das Forças Aliadas ao general Montgomery e transferiu o quartel-general para a França. No mesmo dia mais um bombardeio aliado, o segundo, foi despejado sobre Tóquio. Também foi atacada a base de Iwo Jima.

Percendo que tinha ficado só, no dia 2 a Finlândia rompeu relações diplomática com a Alemanha. No dia 3 os ingleses ocuparam Bruxelas e as forças de De Gaulle, com ajuda dos Estados Unidos, retomaram Lyon.

No dia 9 formou-se novo governo da França, com sede em Paris e liderança de De Gaulle, congregando liberais e comunistas.

No dia 10 soldados dos Estados Unidos entraram em território alemão, mas julgaram prematuro avançar até Berlim. No dia 19 a Finlândia e a União Soviética firmaram tratado de paz, e no dia seguinte as tropas aliadas liberaram a República de San Marino, que havia sido ocupada por precaução exagerada.

Ante o avanço das Forças Aliadas pelo lado ocidental e do Exército Vermelho pelo lado oriental, os nazistas jogaram suas últimas cartadas. No dia 25 de setembro Hitler convocou para a guerra todos os homens de 14 a 60 anos.

No dia 29 Tito assinou com Stálin acordo liberando o território iugoslavo para quaisquer operações do Exército Vermelho contra os alemães.

No dia 1º de outubro iniciou-se a retirada alemã de Atenas e a divisão que estava sob cerco em Calais, França, rendeu-se às Forças Aliadas. No dia 9, os nazistas iniciaram sua retirada da Hungria.

No dia 14 Erwin Rommel suicidou-se, quando soube que estava para ser julgado como um dos partícipes do planejamento do atentado de julho contra Hitler.

No dia 31 de outubro a Real Força Aérea britânica continuou o bombardeio iniciado no dia anterior sobre a cidade de Colônia. No mesmo dia os alemães abandonaram em definitivo suas posições na Grécia.

No dia 7 de novembro os nazistas iniciaram sua retirada de toda a Península Itálica.

Pelo restante do ano, ataques diários continuaram ocorrendo. Os soviéticos avançavam, ao mesmo tempo em que retomavam posições nos Bálcãs e ajudavam seu aliado Tito da Iugoslávia. Os Estados Unidos tentavam libertar as Filipinas e reaver posições do Pacífico contra as forças japonesas, mas sofriam ataques dos kamikazes, os pilotos suicidas que morriam em nome do imperador. Como o Eixo dominou quase toda a Europa e quase todo o Pacífico, o trabalho de retomada dos territórios teria de ser lento. Muito do esforço era desprendido em ataques a fábricas de veículos, incluindo aviões de guerra, e de armamentos e combustíveis. No último dia de 1944 a aviação britânica conseguiu destruir por completo o quartel-general da Gestapo em sua seção de Oslo, e o novo governo da Hungria declarou guerra à Alemanha.

Yalta. Que líderes mundiais juntaram-se na Conferência de Yalta?

No dia 1º de janeiro de 1945, com a chegada do Exército Vermelho à Prússia Oriental, as tropas nazistas bateram em retirada. No mesmo dia forças dos Estados Unidos realizaram mais um bombardeio sobre Tóquio.

Pelo planejamento da invasão do Dia D, a guerra não deveria ter-se prolongado e alcançado o ano de 1945, mas o revide inesperado dos alemães na Normandia mostrou que eles tinham ainda guarnições e equipamentos para muitos meses de batalha. O conflito teria de prosseguir até a aniquilação das forças nazistas, porque o fanatismo de Hitler e o domínio que ele exercia sobre os alemães eram bem conhecidos.

No dia 7 de janeiro, 900 aviões britânicos bombardearam Munique à noite, e no dia 8 mais de 1000 aviões das Forças Aliadas bombardearam Frankfurt.

Também de Varsóvia os alemães começaram a se afastar com a chegada dos soviéticos, no dia 14, abandonando definitivamente a cidade no dia 16. No dia 18 os soviéticos entraram na Silésia e no mesmo dia o governo provisório da Polônia instalou-se na capital, Varsóvia, saindo de Lublin.

No dia 27 o Exército Vermelho tomou o campo de concentração de Auschwitz e liberou os prisioneiros, que eram cerca de 7.000. No dia seguinte deu-se a entrada dos soviéticos na Pomerânia.

No dia 3 de fevereiro as Forças Aliadas declararam a libertação total da Bélgica do jugo alemão. No mesmo dia forças dos Estados Unidos tomaram Manila, capital das Filipinas, que estavam ainda sob domínio japonês.

No dia seguinte , 4 de fevereiro, iniciou-se a Conferência de Yalta, entre Franklin Roosevelt, Winston Churchill e Iosif Stálin, para discutir as novas relações políticas entre os principais Estados do mundo após o fim da guerra, que já estava desenhado.

Nesse mês de fevereiro vários países que se mantinham neutros declararam guerra ao Eixo, entre os quais a Arábia Saudita, que fez o anúncio no dia 10. O Peru fez declaração equivalente no dia 12, dia em que também se encerrou a Conferência de Yalta.

Ocaso. Como ocorreu a morte de Hitler no dia 30 de abril de 1945?

No dia 19 Himmler iniciou negociações com autoridades suecas com vistas a um acordo que encerrasse a guerra, à revelia de Hitler.

No dia 20 os soviéticos tomaram Dantzig (Gdansk).

No dia 23 de fevereiro iniciaram o bombardeio de Berlim. No mesmo dia, as forças dos Estados Unidos, depois de sofrer vários ataques de kamikazes, subiram ao Monte Suribachi, em Iwo Jima, e hastearam a bandeira de seu país, em gesto simbólico de vitória. Os kamikazes continuaram os ataques por mais algumas semanas.

Em março os bombardeios sobre Berlim passaram a ser diários.

No dia 8 de abril os soviéticos tomaram Konigsberg, e no dia 10 tropas dos Estados Unidos ocuparam Essen e Hannover.

No dia 11 forças dos Estados Unidos libertaram os prisioneiros do campo de concentração de Buchenwald, e nesse dia os soviéticos tomaram a cidade de Viena, enquanto o exército de Tito tomou Sarajevo.

No dia 12 faleceu o Presidente Franklin Roosevelt, sendo substituído por Harry Truman, o que não abalou a política de guerra. No dia 13, forças dos Estados Unidos tomaram Iena, Weimar e Erfurt.

No dia 16 de abril os soviéticos chegaram a Berlim, e os ataques diários das Forças Aliadas foram interrompidos, para não conflitar com a ação do Exército Vermelho na cidade. No dia 17 a força aérea dos Estados Unidos iniciaram bombardeio sobre Dresden. A cidade foi completamente destruída nos dias seguintes.

No dia 20 forças dos Estados Unidos ocuparam Nuremberg. Enquanto isso os soviéticos bombardeavam intensamente Berlim, preparando a ocupação.

No dia 25 de abril, a Conferência de São Francisco firmou a intenção de fundar a ONU, que seria oficialmente criada meses depois, no segundo semestre.

No dia 26 o Marechal Pétain foi preso pelas Forças Aliadas e no mesmo dia Mussolini tentou fugir da Itália, vestido de soldado alemão, junto a uma comitiva nazista, mas no dia seguinte foi interceptado por guerrilheiros antifascistas quando tentava entrar na Suíça.

No dia 28, guerrilheiros comunistas fuzilaram Mussolini e sua companheira Clara Petacci. Foram levados, junto a outros líderes fascistas também fuzilados, à Praça Loreto, em Milão, onde foram amarrados e expostos de cabeça para baixo. A população atacou os corpos com tudo o que tinham pela frente, deixando seus rostos desfigurados.

As Três Causas da Guerra

No dia 29 tropas dos Estados Unidos tomaram o campo de concentração de Dachau. Nesse mesmo dia Hitler casou-se com Eva Braun e, à revelia, nomeou Donitz como seu sucessor.

No dia 30 Hitler trancou-se em seus aposentos com a esposa Eva Braun e, após ouvir disparos, auxiliares abriram a porta e viram que ambos estavam mortos. Oficialmente, reconheceu-se que Hitler suicidou-se.

Kamikazes. Quando se deu o último ataque kamikaze sobre tropas americanas?

No dia 1º de maio Magda Goebbels matou por envenenamento seus seis filhos. Depois disso, foi baleada e morta pelo marido, Joseph Goebbels, que se suicidou em seguida. Os funcionaram do *bunker* de Hitler organizaram fugas do local, em grupos. Hitler havia deixado ordens para que seu corpo fosse incinerado, o que parece ter sido cumprido por seus guardas.

No dia 2 Donitz tomou posse como sucessor de Hitler, mas este foi um ato puramente protocolar, pois no mesmo dia ocorreu a capitulação da Alemanha frente às forças soviéticas. O governo Donitz durou 23 horas. Ainda no dia 2, os alemães que resistiam na Itália renderam-se, e as Forças Aliadas fizeram cerca de um milhão de prisioneiros nazistas.

O Japão, porém, não cedeu. No dia 3 sua força aérea realizou mais um poderoso ataque sobre as Forças Aliadas que o ocupavam. No dia 6, reconhecendo a capitulação alemã, pôs fim ao Pacto Tripartite, que formou o Eixo, mas persistiu no esforço de guerra. No dia 10 forças dos Estados Unidos retomaram os bombardeios sobre Tóquio, como forma de dissuasão. A resposta foi um forte ataque de kamikazes à base aliada em Okinawa no dia seguinte.

Nos dias seguintes intensos bombardeios das forças dos Estados Unidos foram despejados sobre Tóquio, mas também sobre Yokohama, Nagoia, Osaka e Kobe. Enquanto isso, as forças japonesas mantiveram-se atacando as tropas dos Estados Unidos baseadas em Okinawa.

No dia 1º de junho a Grécia e, no dia 6, o Brasil declararam guerra ao Japão, em apoio aos Estados Unidos.

No dia 21 a conquista de Okinawa pelos Estados Unidos foi completada. Um último ataque kamikaze realizou-se ainda nesse dia. Naquelas semanas após a rendição alemã, também os chineses reconquistaram muitas cidades que ainda estavam sob domínio japonês.

No dia 5 de julho o General MacArthur declarou que as Filipinas foram finalmente libertadas do domínio do Japão. De Iwo Jima, as forças dos Estados Unidos continuavam a bombardear Tóquio.

No dia 13 a Itália declarou guerra ao Japão. Nesse dia, com a chegada de tropas britânicas a Berlim, para juntar-se aos soviéticos, realizou-se ali o

Desfile da Vitória.

No dia 16 os Estados Unidos detonaram a primeira bomba atômica, como teste, em Alamogordo, Estado do Novo México. No dia seguinte Truman, Churchill e Stálin reuniram-se na Conferência de Potsdam, para tratar do futuro da Alemanha.

Atômica. Que aconteceu ao Japão no dia 6 de agosto de 1945?

No dia 6 de agosto forças dos Estados Unidos explodiram a primeira bomba atômica sobre uma cidade. Nesse ataque sobre Hiroshima, mais de 100 mil pessoas morreram. Dois dias depois a União Soviética invadiu Manchukuo, declarando guerra ao Japão. Nenhum sinal de rendição veio dos japoneses, e no dia 9 forças dos Estados Unidos detonaram a segunda bomba atômica, desta vez sobre a cidade de Nagasáki, matando de imediato cerca de 36 mil pessoas e deixando mais de 40 mil feridos.

No dia 15, o Imperador Hiroíto tomou a decisão de declarar a rendição japonesa.

O ato foi assinado no dia 2 de setembro, a bordo do encouraçado Missouri. Só nesse dia, encerrou-se na prática e oficialmente a II Guerra Mundial.

No dia 24 de outubro foi assinada a Carta das Nações Unidas, em São Francisco. A Conferência de Paris, para discussão das reparações a serem impostas sobre a Alemanha, iniciou-se no dia 9 de novembro, e no dia 14 o Tribunal de Nuremberg começou os processos de julgamento contra criminosos de guerra.

Método

No livro "O Caminho da Servidão", de 1944, Friedrich Hayek explica, no capítulo "Porque os piores chegam ao topo", como os nazistas arregimentaram as massas em favor de suas crenças, fazendo com que Hitler finalmente alcançasse a posição de chefe de governo. Ele escreveu que se alguém tenta agrupar as pessoas para a prática de alguma causa nobre, de ajudar gente necessitada, por exemplo, consegue pouco resultado, mas se o chamamento é para fomentar ódio, por uma pessoa ou uma causa, então a possibilidade de crescimento da campanha é alta.

O livro apresenta uma boa análise, mas falha ao usar uma categoria psicológica das relações pessoais, o ódio, para explicar um fenômeno de massa. O autor confunde ódio com método.

Quando um juiz condena um culpado, aplicando a ele as penas cabíveis, não toma a decisão baseado em ódio, mas em respeito à lei vigente. O ódio pode estar presente na sentença, mas aí temos um caso de juiz que mistura profissão com vida íntima. E qual é a diferença entre a ação do juiz que pune o culpado e a do militante político que, participando de uma corrente doutrinária justiceira, ataca de forma violenta os adversários? A diferença é que o juiz julga, punindo o culpado com base na lei e no devido processo legal. O militante, que igualmente imagina estar punindo o culpado, prejulga, e age conforme crenças e plataformas políticas, não de acordo com os dispositivos jurídicos e os tribunais. Estes, aliás, podem ser deformados para ajustar-se ao "método".

Na doutrina nazista, os judeus eram culpados. Culpados por terem trazido negros para a Alemanha, com o objetivo de enfraquecer o sangue ariano. E eram responsáveis por submeter o país a um regime de juros aviltantes, que dificultavam o crescimento econômico. É o que Hitler deixou registrado em seu livro-panfleto, o "Mein Kampf" (Minha Luta). O recado implícito nos discursos do líder era o de que os alemães deveriam ignorar os tribunais e as leis e fazer "justiça" com as próprias mãos.

Mesmo no campo de batalha, dois exércitos em luta podem incorporar o fator "ódio" em sua ação, porque isso potencializa a descarga de adrenalina e pode apressar uma solução. Mas não é o ódio o elemento central, porque ele até atua para atrapalhar a disciplina e a obediência. Os impulsos principais da ação no campo de batalha são a defesa da pátria (ou da causa), a necessidade de rechaçar a invasão daquele que pode trazer servidão, a crença na superioridade de sua doutrina frente à do inimigo e, em casos mais patológicos, o engajamento no projeto de salvar o mundo com uma doutrina pretensamente maravilhosa mediante a eliminação dos contrários, caracterizados pela cor da bandeira ou simplesmente pela etnia.

Frieza. Como Joseph Mengele via seus pacientes judeus?

Quando o médico Joseph Mengele matava milhares de mulheres e nascituros em seus experimentos pseudo-eugenistas, fazia isso movido não por algum tipo de ódio, mas por crença patológica numa doutrina partidária. Segundo declaração dele, os pacientes judeus em suas mãos eram vistos como objetos, não como seres humanos. Não é o ódio que alimenta esse tipo de visão, mas a adesão a uma fria campanha etnocêntrica.

Portanto, na política e na guerra, precisamos ter cuidado com certas análises que misturam sentimentos pessoais normalmente dirigidos aos círculos próximos, de convivência familiar ou profissional, com motivações coletivas em âmbito nacional ou internacional. Por mais que achemos estúpidos ou injustificados, os atos bélicos ou de fanatismo político são amparados no método, não no ódio.

Capítulo 3 - Rastos

A grande preocupação da Conferência de Yalta, assim como da Conferência de Paris e da ONU naquele fim de 1945 era a de controlar a Alemanha, que havia sido centro da I Guerra Mundial e rearmou-se para a vingança, provocando a II Guerra.

O Oriente esteve tão conflagrado quanto a Europa nos anos da II Guerra, mas a rendição do Japão parecia ter desarmado os espíritos ao longo do Oceano Pacífico. A região da Coreia, que vinha sendo colônia do Japão há algumas décadas, foi dividida entre Coreia do Norte, aliada à União Soviética, e Coreia do Sul, aliada aos Estados Unidos.

Havia, porém, dois grandes problemas que foram subestimados naquele ano. Por causa deles, o que veio depois da II Guerra não foi um período de paz total, mas de variados conflitos espalhados pelo mundo, configurando o que se convencionou chamar de Guerra Fria.

O primeiro dos dois problemas era a situação indefinida da Indochina (Vietnã). Colônia da França, caindo em mãos dos colaboracionistas e depois da França Livre, serviu de palco de lutas entre o Japão e os Estados Unidos nos anos do conflito. Ho Chi-Min, de tendências comunistas, havia proclamado a independência do Vietnã, mas as potências mundiais não se animaram em apoiá-lo.

Stálin. Que tipo de ditador tem mais prática de leitura?

O segundo problema, facilmente previsível, mas não para o conhecimento da época: a União Soviética, que lutou em consonância com as Forças Aliadas para derrotar o nazismo, era uma ditadura.

Sejam conservadoras, sejam proletárias, as ditaduras só tem um propósito: a tutela. Os governados deixam de ser súditos ou cidadãos e passam a ser vistos como crianças crescidas. Antes do iluminismo, os ditadores, que entendemos como tiranos, mantinham o poder através da violência e do medo que ela gerava. Na Era Contemporânea, todo tipo de ditador, do haitiano Papa Doc ao romeno Nikolai Ceausescu, também utilizam o medo, mas têm como arma mais poderosa a generosidade para com os pobres. Ao mesmo tempo em que perseguem e matam intelectuais e rebeldes, adoçam a boca dos pobres com benesses. A grande diferença entre o chefe da ditadura conservadora e o da "ditadura democrática" (o termo é de Lênin) é que este segundo lê um pouco mais que o primeiro. Com mais leitura, o chefe da "ditadura democrática" usa meios mais eficazes para evitar a fome no seio da população.

No início da Revolução Russa o plano de Lênin era o de renovação de lideranças. Depois que ele morreu, o cargo que ele ocupava, de presidente do Conselho de Comissários do Povo, passou a ser exercido sucessivamente por Aleksei Rykov (desde fevereiro de 1924), Viacheslav Mólotov (desde dezembro de 1930) e Iosif Stálin (desde maio de 1941). Como é sabido, desde 1924 Stálin, como secretário-geral do Partido Comunista, exercia controle total da política e do governo, tornando decorativo o cargo de presidente do Conselho, até sua ascensão ao posto em 1941. Desde então, ele passou a ser líder absoluto de direito e de fato da União Soviética, até morrer em março de 1953.

Coreias. Quem deu início à Guerra da Coreia em 1950?

Depois que o exército comunista de Mao Zedong, em outubro de 1949, derrotou o governo de Chiang Kai-Chek, fazendo-o fugir para Taiwan, chineses e norte-coreanos, com apoio da União Soviética, começaram a planejar uma guerra que levasse à incorporação da Coreia do Sul à Coreia do Norte. No dia 25 de junho de 1950 tropas da Coreia do Norte invadiram a Coreia do Sul, e no dia 26 iniciou-se oficialmente a Guerra da Coreia, cujos combates ocorreram até 27 de julho de 1953, sem, contudo, chegar-se à assinatura de armistício ou acordo de fim do conflito. Tudo continuou como antes, descontando-se as mortes e as perdas materiais.

Estima-se que o número de chineses mortos chegou a 2,5 milhões, num total de 3 milhões de baixas dos dois lados. Pelo número de baixas dado o tempo de duração, a Guerra da Coreia é considerada o conflito mais violento da história da humanidade.

Como foi possível a dissensão no pós-guerra se russos e norte-americanos foram capazes de lutar de forma coordenada e em forte aliança para destruir o nazismo? Como dito acima, a impossibilidade de acordos pacíficos e duradouros estava na opção de russos, e, desde 1949, chineses, pela forma ditatorial vitalícia de exercício do poder.

Indochina. Que países compunham antes a Indochina francesa?

Desde o início do século XX a França vinha mantendo a Indochina como colônia, no território onde viriam a surgir depois o Laos, o Camboja e o Vietnã. Sob o abalo da Grande Depressão, em 1929, a França começou a ter problemas graves na região, enfrentando movimentos de independência.

Pouco depois da II Guerra, em 1946, teve início a chamada Guerra da Indochina, entre os grupos rebeldes e a França, durando até 1954.

O Camboja declarou sua independência em 1945, e a França reconheceu o ato em 1949, mas impôs várias restrições, decidindo dominar a defesa, a diplomacia e outras áreas de poder. A independência seria concedida, porém, dentro "do marco da união francesa".

A independência do Vietnã foi declarada, como vimos acima, em 1944. O Laos obteve sua independência em 1949, mas foi logo mergulhado em guerra civil que durou vários anos. Em 1945 a Índia e o Paquistão tornaram-se independentes frente à Grã-Bretanha e a Indonésia declarou a independência frente à Holanda.

A França resistiu na Indochina até 1954, quando, às voltas com rebeliões na Argélia, decidiu abandonar a colônia do Oriente. Na Conferência de Genebra firmou-se a autonomia dos três países resultantes, mas com a divisão do Vietnã em dois, o do Norte, pró-soviéticos, e o do Sul, pró-americanos, o que, na prática, fracionava a região em quatro países. Ficou deliberado que um ano depois haveria um plebiscito nos dois Vietnãs, que decidiria sobre a unificação ou a separação definitiva.

Na data prevista, o Vietnã do Norte realizou a consulta, mas no Vietnã do Sul as autoridades desferiram um golpe de Estado, que impediu a realização do plebiscito e determinou que o Vietnã do Sul seria mantido aliado dos Estados Unidos. Soldados do Vietnã do Norte passaram, então, a infiltrar-se no território do Vietnã do Sul promovendo guerrilhas com vistas a obter a unificação.

Vietnã. Que papel tiveram as fotografias na Guerra do Vietnã?

Estava claro que o Vietnã do Sul não se sustentaria sozinho na luta contra os guerrilheiros do Vietnã do Norte, os chamados Viet Congs, pois não era segredo para ninguém que chineses e soviéticos apoiavam com homens e recursos a incorporação do Vietnã do Sul pelo lado norte.

No ano seguinte, 1955, os Estados Unidos decidiram dar apoio bélico aliado do sul, iniciando assim a *Guerra do Vietnã*, ou Segunda Guerra da Indochina, que durou até 1975. Mais de 4 milhões de vietnamitas e vizinhos morreram nesse conflito. Dos Estados Unidos, morreram mais de 58.000 soldados, e 1.700 foram dados como desaparecidos.

Foram duas décadas de guerra deflagrada entre grandes potências, mas tendo como palco um pequeno país dividido em dois.

Se a Coreia do Sul sobreviveu, o mesmo não se deu com o Vietnã do Sul. As tropas dos Estados Unidos retiraram-se em 1975, assim como fizeram as tropas francesas em 1954.

Os motivos desse recuo foram vários. Um deles foi, obviamente, o desgaste psicológico e político de uma guerra tão duradoura. Segundo Sun Tzu, qualquer país caminha para a exaustão ao sustentar uma guerra prolongada, de mais de seis meses. Os Estados Unidos não sofreram perdas muito significativas no setor financeiro, porque a guerra era localizada numa pequena área. Mas as baixas sucessivas e a campanha contrária dentro do próprio país levaram o governo à conclusão de que continuar a guerra significaria agir em desacordo com a vontade da população.

As Três Causas da Guerra

O Partido Comunista dos Estados Unidos tinha apoio popular na faixa dos 2%. Portanto, não era o desejo de ajudar os comunistas asiáticos o motor da resistência ao conflito. Na visão da maioria, as ditaduras vitalícias estavam lá, dando apoio ao Vietnã do Norte. Assim, a guerra era deles, não dos norte-americanos.

Entre muitos materiais noticiosos, duas fotografias divulgadas pela imprensa foram fatais para a continuidade do conflito. A primeira delas foi feita pelo repórter de guerra Eddie Adams, no dia 1º de fevereiro de 1968, e mostrava o Coronel Nugunen Ngoc Loan executando um prisioneiro do Vietnã do Norte. A foto ganhou depois o Prêmio Pulitzer e tornou-se um ícone histórico. O que chamou a atenção foi a maneira como ocorreu o ato. O coronel mirava a fronte do prisioneiro, que estava em pé, com mãos amarradas para trás, em praça pública. Na outra foto, tirada no dia 8 de junho de 1972, pelo fotógrafo Huynh Cong "Nick" Ut, uma menina de 9 anos de idade, Phan Thi Kim Phuc, vinha correndo, nua, após ser atingida por napalm, ou "agente laranja", um desfolhante despejado dos helicópteros para destruir a cobertura florestal que escondia os soldados do Vietnã do Norte. A menina teve de livrar-se das roupas, que queimavam seu corpo. Ela corria em meio a outras crianças, que estavam vestidas, mas todas com expressão de horror, mostrando que estavam gritando, e com soldados armados andando atrás delas. Hoje Kim Phuc vive no Canadá e trabalha como embaixadora da ONU para a paz. A foto de Nick Ut também ganhou o Prêmio Pulitzer.

As bombas atômicas sobre Hiroshima e Hagasáki mataram adultos e crianças, indiscriminadamente. Quando nas primeiras horas da madrugada do dia 6 de agosto de 1945 o piloto Paul Tibbets acionou de seu avião, o Enola Gay (era o nome da mãe de Tibbets), a primeira bomba atômica em guerra, sobre Hiroshima, ele viu a cidade embaixo, mas não viu crianças, nem mesmo adultos, já que estavam dormindo. Tampouco algum fotógrafo mostrou ao mundo naqueles dias o estado das crianças atingidas.

A foto de 1972, mostrando o sofrimento da menina Kim Phuc, trouxe aos lares dos Estados Unidos a realidade dos campos de guerra, em que, por maior que seja o cuidado, não é possível proteger do fogo cruzado idosos, doentes, inválidos e crianças (quanto aos soldados, entendeu-se sempre que foram feitos para guerrear, embora a maioria seja mandada para a frente de batalha contra a própria vontade).. Desde aquela foto de 1972, a campanha contra a guerra se intensificou, nas escolas, nos meios de comunicação, nas igrejas e até nas forças armadas. Em mais três anos, a guerra de duas décadas foi desativada.

Com a retirada das forças dos Estados Unidos, o exército do Vietnã do Norte entrou em Saigon, então capital do Vietnã do Sul, unificou os dois países e mudou o nome da capital para Cidade de Ho Chi Minh, em homenagem ao patriarca da independência, que havia morrido em 1969.

Cuba. O stalinismo sobreviveu a Stálin?

O momento de maior perigo para o mundo durante a Guerra Fria não ocorreu, porém, durante uma guerra, como foram a da Coreia e a do Vietnã, mas no processo de uma revolução. Foi por causa da Revolução Cubana, durante a chamada Crise da Baía dos Porcos, de abril de 1961, que o mundo esteve à beira de um conflito nuclear do tipo descrito no filme *On The Beach* (A Hora Final), de 1957, dirigido por Nevil Shute, significando que não sobraria vida na Terra. Nessa altura, não só os Estados Unidos, mas também a União Soviética contava com um arsenal de armas atômicas.

Fidel Castro era um jovem advogado muito famoso e querido em Cuba por ser campeão de bêisebol, o esporte mais apreciado no país. No dia 1º de janeiro de 1959, depois de muitos avanços e retrocessos, Castro desceu a Sierra Maestra com o irmão Raúl, o médico argentino Ernesto "Che" Guevara, os exímios atiradores Juan Almeida e Camilo Cienfuegos e mais sete companheiros para enfrentar a ditadura de Fulgencio Batista. Sabendo do apoio da população a Fidel Castro e seu "Exército Rebelde", Batista fugiu para a República Dominicana. Castro indicou para presidente o advogado Manuel Urrutia Lleó, que tomou posse no dia 3.

Tanto Fidel Castro quanto Che Guevara foram bem recebidos nos Estados Unidos, em ocasiões diferentes. O primeiro foi explicar a revolução. O segundo, como ministro da Economia, foi tentar negociar recursos para o novo governo.

De 1º de janeiro de 1959 até inícios de 1961, a revolução era considerada um movimento liberal, que se esforçava para implantar em Cuba um regime democrático de acordo com as normas do estado de direito.

Ainda em 1959 o governo implantou uma reforma agrária e eliminou a máfia. Buscando fazer o melhor para Cuba, o governo organizou uma conferência com importantes intelectuais europeus, que mostrariam os caminhos mais apropriados para a revolução. O nome mais conhecido entre eles era Jean-Paul Sartre, mas havia outros que eram membros de partidos comunistas em seus países. O resultado foi a recomendação de que os cubanos deviam alinhar-se à União Soviética, não aos Estados Unidos. Na sequência, Che Guevara empreendeu uma longa viagem à Tchecoslováquia, à União Soviética e a outros países do Leste Europeu para firmar acordos comerciais.

No dia 3 de janeiro de 1961, o Presidente Eisenhower, dos Estados Unidos, rompeu relações diplomáticas com Cuba. O mundo entendeu ali que a balança cubana tinha pendido para a União Soviética, rejeitando a adesão política e econômica aos Estados Unidos.

As Três Causas da Guerra

Quando John Fitzgerald Kennedy tomou posse na presidência, semanas depois, a situação das relações entre Estados Unidos e Cuba já estava em franca deterioração.

Dentro desse espírito foi que ocorreu a Invasão da Baía dos Porcos, entre 15 e 19 de abril de 1961. Cubanos exilados decidiram levar a cabo essa invasão, com intuito de derrubar o novo governo, contando com apoio imediato dos Estados Unidos e com reconhecimento posterior da Organização dos Estados Americanos (OEA).

O plano previa o domínio de alguma área ou cidade, onde seria instalado um governo provisório. Dali seriam lançados grupos de guerrilha que mais à frente, recebendo suprimentos dos Estados Unidos, derrubariam o governo.

Regimentos formados de última hora juntaram-se às forças regulares de Cuba e rechaçaram sem muita dificuldade a ofensiva dos exilados. Várias centenas de invasores foram mortos e 1.189 deles foram feitos prisioneiros. Os que foram identificados como ex-oficiais do exército de Batista foram condenados à morte.

Robert Kennedy, procurador de justiça, irmão do presidente dos Estados Unidos, depois de receber exilados combalidos pela derrota, decidiu ajudar os exilados cubanos na programação de uma segunda invasão. Obteve do ditador da Nicarágua Anastacio Somoza autorização para usar o território daquele país como base de ataque. Muitos acampamentos foram montados ali e vários ataques foram desferidos contra Cuba. As ações transcenderam a fase da Invasão da Baía dos Porcos e da consequente Crise dos Mísseis, pois só foi encerrada quando os exilados atacaram por engano o navio espanhol Sierra Aranzazu, confundindo-o com um navio cubano. No ataque foram mortos o capitão e dois tripulantes. O governo dos Estados Unidos indenizou a Espanha e fechou os acampamentos na Nicarágua.

Em meio às ações de enfrentamento entre os exilados e o novo governo de Cuba, forças dos Estados Unidos descobriram no dia 15 de outubro de 1962 um arsenal de armas atômicas de Moscou instalado na ilha. Do dia 15 ao dia 28, desenrolou-se a chamada Crise dos Mísseis, que em Cuba é chamada Crise de Outubro. O governo norte-americano avaliou como inadmissível a instalação dessa base de mísseis soviéticos em área tão próxima dos Estados Unidos. John Kennedy exigiu de Nikita Kruschev, dirigente soviético, a retirada desses armamentos.

As negociações foram muito tensas e o mundo acompanhou, apreensivo, o desenrolar dos acontecimentos. Em nenhum outro momento da Guerra Fria um conflito nuclear entre as duas principais potências mundiais daqueles dias esteve tão à mão.

Kruschev enfim cedeu e a retirada completou-se no dia 28 daquele mês de outubro. Depois de tentativas frustradas de exilados lutando contra Fidel Castro com ajuda norte-americana, aquela foi uma grande vitória contra o lado soviético.

Kennedy, porém, não podia comemorar. Stálin morreu uma década antes, mas o stalinismo estava muito vivo.

Kennedy. Em que capital do Leste residiu Lee Oswald?

No dia 22 de novembro de 1963, o Presidente John F. Kennedy e sua esposa Jacqueline transitavam em carro aberto durante visita oficial à cidade de Dallas, no Texas, quando recebeu um tiro na cabeça. Poucos minutos depois do tiro fatal o assassino, que agiu da janela de um prédio, foi preso. Era o ex-marine da Louisiana Lee Harvey Oswald, de 24 anos, que negou peremptoriamente ter sido o autor do assassinato.

Dois dias depois da morte do presidente, Lee Oswald, ao ser transportado para interrogatório, foi baleado e morto por Jack Leon Ruby, um empresário da noite de Dallas.

Em 1994 surgiu outro ex-militar, James Files, afirmando que ele, e não Oswald, foi o verdadeiro autor do disparo que matou o presidente. Porém, investigações posteriores à revelação constataram muitas inconsistências nas histórias de Files, e ele foi deixado de lado.

Oswald nasceu em Nova Orleans dois meses depois que o pai, Robert Edward Lee Oswald, morreu de enfarte, de modo que a mãe o criou com a ajuda de um seu irmão mais velho dele.

Quando estava como 14 anos, meteu-se numa briga com o meio-irmão John Pic e foi diagnosticado como portador de uma personalidade esquizoide, com tendências agressivas, por um psiquiatra da cidade.

Aos 17 anos ele ingressou nas Forças Armadas e alguns disseram que isso foi um meio de sair do controle da mãe, que era superprotetora.

Entre os marines, passou por vários episódios de agressões sobre companheiros e sofreu punições. Em 1959 viajou de navio até a Finlândia e de lá desertou para a União Soviética. Só em 1962 voltou aos Estados Unidos, acompanhado da filha e da esposa, Maria Prussakova, que ele conheceu em Minsk, capital da Bielorrússia. Ela era filha de um coronel da KGB, a polícia política do regime.

Instalou-se em Dallas e em pouco tempo estava metido em encrencas, como a da tentativa de assassinato do General Walker, militar de posições muito conservadoras. Oswald fugiu para o México e na embaixada de Cuba tentou um visto para voltar à União Soviética.

No dia da tragédia presidencial, Kennedy passava no conversível na Praça Dealey, em frente ao prédio em que Oswald trabalhava, o *Texas School Book Depository*. A comitiva ouviu três tiros, e o segundo, ou mais provavelmente o terceiro, acertou a cabeça do chefe de Estado.

As Três Causas da Guerra

O policial Marrion Baker, da polícia municipal de Dallas, percebeu que os tiros vieram daquele prédio e imediatamente subiu as escadas e viu, na cafeteria, no segundo andar, Lee Oswald passando apressado. Baker deu voz de prisão, detendo Oswald. Mas em seguida chegou o chefe de pessoal da casa, Roy Trully, que atestou que Oswald era empregado do local. Oswald foi então deixado em paz e logo encaminhou-se para sua residência.

Cientes do ocorrido, as autoridades policiais entenderam que Oswald era o suspeito número um, e as buscas foram iniciadas. Quando foi encontrado, no Teatro do Texas, matou o policial J. D. Tippit, que o tinha prendido naquele momento. Os outros policiais levaram-no já convencidos de que aquele era o homem que assassinou o presidente.

Voltando a Washington, e já empossado como presidente, Lyndon Johnson instalou a Comissão Warren, para cuidar da investigação do caso. Eram sete membros, sob a liderança do presidente da Suprema Corte, Earl Warren. Os outros eram Allen Dulles, Gerald Ford, John McCloy, John Sherman Cooper, Richard Russell e Thomas Boggs.

A conclusão da Comissão Warren foi a de ser Oswald o verdadeiro assassino, mas muitos duvidam disso. O fato de o suspeito ter sido morto dois dias depois, quando estava sendo transferido para passar por interrogatório, deixou uma nuvem de ceticismo que dura até hoje, alimentando inúmeras teorias conspiratórias.

O ponto que a Comissão Warren mais quis esclarecer permaneceu inconcluso: Oswald agiu sob ordens expressas de alguma organização ou cometeu o ato por sua própria vontade, agindo sozinho, como um terrorista da linha dos que hoje são chamados de "lobos solitários"?

Tendo residido na União Soviética e sendo genro de um agente da KGB, não havia muito o que especular a respeito de suas motivações. Sob ordens externas ou não, ele era parte de uma rede doutrinária.

O "lobo solitário", aliás, não recebe ordens de uma organização central, donde ser chamado de "solitário", mas recebe influxos do que podemos chamar de "ordem difusa". Ele age na perspectiva de cumprir a vontade do líder messiânico. Assim como não se achou um fio que ligasse o assassinato de Kennedy ao gabinete de Kruschev, tampouco foi encontrado um elo direto entre Stálin e o assassinato de seu rival Trótsky, no México, pelas mãos de Ramon Mercader, ou uma via de comunicação entre o califa anacrônico do Estado Islâmico (ISIS), Abou Bakr, e o massacre dos jornalistas do Charlie Hebdo (7/01/2015) e , mais à frente, da sala de espetáculos Bataclan (13/11/2015). Este era um líder religioso deformado pelo fanatismo, mas o fato de o líder messiânico dizer-se antirreligioso, quando é o caso, não o exime da classificação de messiânico. Um líder messiânico não é um morto, mas um chefe vivo que comanda direta ou indiretamente uma legião de seguidores capazes de matar e morrer por ele.

Golpe. Quantos golpes ocorreram no Brasil em abril de 1964?

A resposta ao ato mais audacioso da Guerra Fria relacionado a um chefe de Estado, que foi a morte de Kennedy, veio sem um plano detalhado, mas não demorou para configurar-se, e esta foi a instalação de ditaduras conservadoras, como contraponto às ditaduras comandadas pela Revolução Russa, alegadamente defensoras dos interesses do proletariado.

John F. Kennedy tinha relacionamento amistoso e de confiança com o presidente do Brasil, João Goulart. Quando o cunhado deste, Leonel Brizola, governador do Estado do Rio Grande do Sul, desapropriou a subsidiária da IT&T, empresa norte-americana, Kennedy pôde contar com Goulart, que usou recursos federais para indenizar a matriz daquela multinacional.

No entanto, para infortúnio de Goulart, a inflação que vinha crescendo exponencialmente desde o governo Kubitschek (1956-1961) entrou em fase de intensa aceleração. O presidente perdia apoio dia após dia, sofrendo vários tipos de acusação, incluindo a de que pretendia entregar o país aos comunistas, até que a mesa do Senado Federal decidiu dar um golpe de Estado, no dia 1º de abril de 1964, declarando vaga a presidência da República, aproveitando-se de uma viagem presidencial ao Rio Grande do Sul. O ministro-chefe da Casa Civil, Darcy Ribeiro, enviou comunicado ao Parlamento notificando sobre a viagem, mas o Senado manteve a leitura de que o chefe de Estado tinha saído do país sem o necessário aviso ao Congresso Nacional.

No dia seguinte o Congresso deu posse na presidência da República ao presidente da Câmara dos Deputados, Pascoal Ranieri Mazzilli, mas este durou apenas 14 dias no cargo. No dia 7, o governador da Guanabara, um Estado que era apenas a cidade do Rio de Janeiro, chamou vários governadores a seu palácio, daqueles que apoiaram o golpe, e propôs a troca de Mazzilli por um general. O nome do Marechal Castello Branco foi levado ao Congresso Nacional, inscrito como candidato no dia 9 e eleito pelos parlamentares no dia 11. O General Juarez Távora apresentou candidatura própria, mas foi praticamente ignorado. No dia 15 o Congresso Nacional deu posse ao novo presidente. Ao contrário da Revolução de 1930, em que militares deram o golpe de Estado de 3 de outubro e chamaram um civil para presidir o país, em 1964 os civis deram o golpe de 1º de abril e chamaram os militares para chefiar o Estado.

Ocorreram dois golpes na mesma quinzena. Primeiro, Goulart foi retirado do cargo sob a alegação de que havia fugido do país. Mas ele só voou para o Uruguai no dia 2, após a posse de Mazzilli. Segundo, o presidente, segundo a Constituição, passou a ser Mazzilli, e o Congresso Nacional não tinha mandato para fazer uma eleição presidencial na semana seguinte, defenestrando-o pelo recurso do fato consumado, mas agiu assim, dando posse a um militar que até o fim do mês anterior alinhava-se com a corrente chamada de "legalista".

Ditaduras

Embora seguisse adotando medidas antidemocráticas, como a eliminação dos partidos políticos, a suspensão de eleições e a cassação de mandatos eletivos, o governo militar tinha apoio do mercado e da grande imprensa, pois a economia mantinha-se no campo liberal-privatista e a inflação vinha sendo reduzida. Em 1968, inspirados pelos universitários franceses, estudantes brasileiros e líderes da esquerda levantaram-se contra o governo. Além de manifestações de rua ocorreram sequestros, explosões e confrontos. No dia 13 de dezembro o Marechal Artur da Costa e Silva, então presidente, assinou o Ato Institucional número 5 (AI-5), dando ao chefe de Estado poder discricionário, acima da Constituição. A ditadura estava instalada, sob tintas jurídicas convenientemente viesadas.

O apoio que o regime militar recebeu da população deveu-se ao ataque à inflação, mas os generais usaram o poder que as lideranças conservadoras lhes outorgaram para perseguir os aliados da União Soviética. Se um homem treinado no país do leste pôde matar o presidente do país líder do Ocidente, nenhum aliado dos Estados Unidos estava a salvo. Para ter uma mínima garantia de manter sua integridade física, presidentes de Estados não apoiados pelo leste stalinista tinham de caçar, prender e matar comunistas.

Alastramento. Ditaduras militares passaram a ser casos isolados?

A juventude idealista passou a agir, sob efeito reverso, contra os militares. Os que se revelavam comunistas ou simpatizantes da União Soviética eram candidatos ao desaparecimento físico. Velhos políticos ligados às esquerdas foram banidos do país.

A leitura dos acontecimentos da Guerra Fria do início da década de 1960 feita pelos militares brasileiros foi compartilhada pelas Forças Armadas de muitas dezenas de países. Se antes do regime militar do Brasil ditaduras militares eram casos isolados mundo afora, depois de 1964 isso passou a ser a moda.

Bolívia-64. No dia 2 de novembro de 1964 o General de Aviação René Barrientos Ortuño deu um golpe de Estado na Bolívia, derrubando o Presidente Víctor Paz Estenssoro.

Argélia-65. No dia 19 de junho de 1965 o militar Houari Boumediéne deu um golpe de Estado, derrubando o primeiro presidente argelino,

Ahmed Ben Bella.

Congo-65. O Tenente-General Mobutu Sese Seko derrubou o presidente Joseph Kasa-Vubu, a quem ele amparava e aparentemente apoiava, no dia 24 de novembro de 1965. Em 1971 ele mudou o nome do Congo para Zaire. Depois de sua morte, em 1997, por câncer de próstata, as autoridades devolveram o antigo nome ao país, chamando-o República Democrática do Congo.

Argentina-66. Na Argentina, no dia 28 de junho de 1966 um golpe de Estado liderado pelo General Juan Carlos Onganía derrubou o Presidente Arturo Illia, que foi sucedido em 1970 pelo General Roberto Marcelo Levingston que, em 1971, deu lugar ao General Alejandro Agustín Lanusse, o qual governou até 1973. Nesse ano o país elegeu como presidente o líder sindical Héctor Cámpora, que, conforme tinha prometido, fez eleger-se o velho ditador General Juan Domingos Perón. Este, morrendo pouco tempo depois, foi sucedido pela esposa Isabelita, que foi derrubada por um novo golpe de Estado, em 1976, liderado pelo General Jorge Rafael Videla.

Indonésia-67. O General Haji Mohammad Suharto desferiu, no dia 22 de fevereiro de 1967, um golpe de Estado contra o primeiro presidente da história republicana da Indonésia, Makam Sukarno, mantendo-se no poder até maio de 1998.

Grécia-67. No dia 21 de abril de 1967 o Coronel Georgios Papadopoulos liderou um golpe de Estado contra o Rei Constantino II da Grécia, instalando a Ditadura dos Coronéis, ao estabelecer como regente do país Georgios Zoitakis. Em março de 1972 o próprio Papadopoulos tornou-se regente e, em maio de 1973, presidente da República.

Peru-68. No Peru, o golpe de Estado de 3 de outubro de 1968 elevou à presidência o General Juan Velasco Alvarado. A ditadura instalada ali manteve o respeito a grande parte das liberdades civis, o que levou a imprensa a apelidar os generais do regime de "jovens turvos".

Líbia-69. O golpe na Líbia foi desfechado pelo Coronel Muamar al-Khadafi, no dia 1º de setembro de 1969, que derrubou o Rei Ídris I, investido no cargo em 1951 pela Assembleia Geral da ONU.

Uganda-71. O presidente Milton Obote tinha viajado ao exterior, quando o General Idi Amin Dada liderou um golpe de Estado em Uganda, destituindo-o no dia 25 de janeiro de 1971. Seguiu-se uma das ditaduras mais cruéis daquela década.

Coreia-72. Na Coreia do Sul o General Park Chung-hee tinha sido eleito democraticamente em 1963, mas, acompanhando os ventos autoritários dos anos que se seguiram, outorgou uma Constituição discricionária, nos moldes do Ato Institucional número 5, do Brasil, e iniciou a chamada Quarta República, no dia 17 de outubro de 1972.

Chile-73. Altamente emblemático daquela fase, pelo seu grau de violência, foi o golpe do General Augusto Pinochet contra o governo do Presidente Salvador Allende, no Chile, no dia 11 de setembro de 1973.

Argentina-76. Como dito acima, a Argentina sofreu novo golpe militar em questão de anos, desta vez liderado pelo General Jorge Rafael Videla e destinado a seguir os passos do regime militar do Brasil, com mandatos delimitados entre os militares no comando e perseguição brutal aos apoiadores da União Soviética.

El-Salvador-77. Em El Salvador foi o Coronel Carlos Humberto Romero que desferiu o golpe de Estado, no dia 1º de julho de 1977.

Turquia-80. No dia 12 de novembro de 1980 foi a vez da Turquia, que sofreu golpe de Estado liderado pelo General Kenen Evren.

Egito-81. No caso do Egito, o presidente, que era Anwar al-Sadat, foi morto por seus soldados no dia 6 de outubro de 1981, durante um desfile militar. Uma semana depois, o General-Aviador Hosni Mubarak tomou posse como presidente, governando até ser derrubado em 2011.

Guatemala-82. No dia 23 de março de 1982 o General Efraín Rios Montt derrubou o Presidente Fernando Romeo Lucas-García, da Guatemala, e instalou uma ditadura, mas foi substituído em 1983 pelo General Óscar Humberto Mejía Víctores.

Guiné-84. No dia 3 de abril de 1984 o Coronel Lansana Conté deu início a um golpe de Estado na Guiné, sem derramamento de sangue. Dois dias depois tomou posse como presidente.

Degelo

Naqueles dias da década de 1980 a União Soviética encaminhava-se para o que mais à frente chamou-se Reestruturação (*Perestroika*, em russo). Embora Nikita Kruschev tenha subido à liderança fazendo denúncias quanto aos crimes de Stálin, o autoritarismo do regime manteve-se vigoroso, tanto com Krushev quanto com seu sucessor Leonid Brezhnev. Em 1982, com a morte de Brezhnev, o secretário-geral do Partido Comunista, que desde os tempós de Stálin fazia a vez de chefe de fato da ditadura soviética, passou a ser Yuri Andrópov, um homem refinado, mesmo tendo sido dirigente da KGB, e este deixava transparecer, secundado pelo primeiro-ministro Nikolai Tikhonov (1980-1985), que não comungava com a prática de instalação de líderes vitalícios. Após sua passagem breve pelo posto, foi sucedido, após a morte, no dia 13 de fevereiro de 1984, por Konstantin Tchernenko, que faleceu no dia 10 de março do ano seguinte, tendo como sucessor o advogado Mikhail Gorbachev.

No Brasil, após o partido da Oposição, Movimento Democrático

Brasileiro (MDB), ter vencido as eleições parlamentares do fim de 1974, derrotando o partido que apoiava o governo militar, a Aliança Renovadora Nacional (Arena), o presidente da República, General Ernesto Geisel anunciou a política da Distensão, "lenta, segura e gradual". Haveria uma abertura política, conforme era demandado pelo MDB, mas o ritmo e a amplitude seria ditado pelo regime. O AI-5 (Ato Institucional número 5), por exemplo, só foi revogado no dia 13 de outubro de 1978. No Brasil, como em todas as ditaduras militares fora da influência do leste europeu, o medo da União Soviética mantinha-se praticamente intacto.

Em 1980, com a entrada de Nikolai Tikhonov como primeiro-ministro da União Soviética, a ditadura stalinista começou, enfim, a dar sinais de exaustão. Com a morte de Leonid Brezhnev em 1982 o destino da União Soviética sofreu uma guinada. Leves ventos de abertura política passaram a soprar em Moscou.

O Presidente Ernesto Geisel, satisfazendo o desejo da caserna, disse em discurso que seu sucessor ainda seria um general. "O Brasil ainda precisa de um homem militar", afirmou. Em março de 1979 tomou posse na presidência o General João Baptista de Oliveira Figueiredo.

O Presidente Geisel, que no ano de 1977 teve de debelar uma tentativa de golpe de "linha dura", liderado pelo General Sylvio Frota, contrário à Distensão, não tinha como adivinhar o que seria do governo de seu sucessor, se não teria repassado já em 1979 o poder para mãos civis..

A inflação anual naquela altura era estimada em 40%. O Presidente Figueiredo, que exigiu antes da posse extensão do mandato tradicionalmente quinquenal para seis anos, encerrou seu período em 1985 enfrentando inflação anual de 240%, mesmo tendo reintroduzido no governo o economista Antonio Delfim Netto, que em outros tempos, no governo do General Médici, de início da década de 1970, havia feito um bom trabalho de redução do índice inflacionário. Sob Figueiredo, ele não teve sucesso nenhum.

Aquilo que antes era uma ditadura temida, principalmente por causa do AI-5, sob o General Figueiredo passou a ser um regime ridículo.

Mundo afora, as ditaduras militares dissolviam-se, descobrindo que não tinham mais razão de existir. A Guerra Fria tinha chegado à curva descendente de seu ciclo de vida.

Construído em agosto de 1961, para impedir que os alemães da parte oriental da cidade, sob influência soviética, continuassem migrando para a parte ocidental, aliada dos Estados Unidos, o Muro de Berlim era um símbolo da divisão política do mundo, entre adeptos da economia de mercado e da economia planificada. Com o degelo nas relações, iniciado com a administração que se instalou em Moscou em 1980, o que, de alguma forma teve relação com a visita que o Presidente Richard Nixon, dos

As Três Causas da Guerra

Estados Unidos, fez à China em 1973, era questão de semestres ou anos a mudança na maneira de conviver entre os dois tipos de concepção de governo. A derrubada do símbolo, isto é, a queda do Muro de Berlim, ocorreu no dia 9 de novembro de 1989, com a União Soviética vivendo sob a liderança de Gorbatchev.

Capítulo 4 - Causas

Com a queda do Muro, em 1989, o Professor Francis Fukuyama, da Universidade Stanford, Califórnia, arriscou um palpite que correu mundo: o conceito de *Fim da História*. A tensão entre Oriente e Ocidente estaria definitivamente esvaziada, dado que a grande razão dos conflitos nas últimas décadas sustentava-se na diferença de concepção de gestão econômica: os soviéticos e chineses cultivavam a filosofia da economia planificada, enquanto os europeus ocidentais e os americanos mantinham-se defendendo a continuidade da economia de mercado.

História. Como se deu a queda do Xá Rehza Parlevi?

Fukuyama não levou em conta, ou pelo menos não enxergou com o devido peso, um fato histórico ocorrido no ano que antecedeu o início da administração Tiknonov na União Soviética. No dia 16 de janeiro de 1979, o xá da Pérsia, Rehza Pahlevi, foi destituído do trono e exilado, pela pressão popular, que unia setores civis e religiosos contra a monarquia. No dia 11 de fevereiro caiu o gabinete do "governo provisório", que ainda governava o país em consonância com o chefe de Estado deposto. Formado um novo governo, dito revolucionário, revogou-se o decreto de banimento do maior líder religioso do país, o aiatolá Ruhollar Khomeini, que se encontrava exilado em Paris. Ele voltou à Pérsia, com apoio do Partido Comunista do país e de todas as forças de oposição ao xá, que passou a viver no Egito, até morrer poucos meses depois. No dia 1º de abril deu-se a transformação do país em república teocrática, uma *contraditio in termis*. Em dezembro, Khomeini tornou-se "Guia da Revolução", o monarca de fato. O país ganhou novo nome: *República Islâmica do Irã*.

O que Fukuyama desprezou em sua análise foi o fato de que a quase totalidade das guerras na história humana até o século XIX teve as diferenças religiosas como motor principal, ainda que quase sempre algum subterfúgio mais justificável tenha sido usado, como honra, mercado ou trono.

Não tínhamos chegado ao Fim da História, porque a teocracia, que parecia enterrada nos escombros dos Estados papais, extintos com a unificação italiana, e do Tibete budista, que a China desmontou, ainda alimentava grande potencial de ressurgimento. Ninguém que tenha tentado refutar as ideias de Fukuyama na época levantou o argumento da volta do poder islâmico como contraexemplo. Parecia algo quase tão inofensivo quanto uma comunidade testemunha de Jeová, que renega a existência dos exércitos.

Pseudo-laicismo.

O positivismo de Augusto Comte, uma releitura mais abrangente e detalhista do industrialismo de Saint-Simon, de quem Comte foi secretário na juventude, construiu uma proposta política que rejeitava a Democracia, o Direito e a Psicologia. Industriais, técnicos e intelectuais governariam os países através do sistema que ele batizou de "sociocracia", declaradamente uma ditadura: "o chefe indica o sucessor". Como não estava estipulado nenhum prazo para mandato, restou pressuposto que o chefe escolheria alguém para sucedê-lo após a morte.

Os artífices do "socialismo científico", base da doutrina política que inspirou a Revolução Russa e a criação da União Soviética, também utilizaram ideias de Saint-Simon, acrescidas de propostas e experiências de Robert Owen, Pierre-Joseph Proudhon, Charles Fourier e Etienne Cabet, entre outros. O conjunto das propostas políticas destes foi chamado de "socialismo utópico", em contraposição à novidade apresentada pelos filósofos do materialismo histórico.

Desdenhando e ridicularizando o positivismo comtista, o materialismo histórico adotou a mesma rejeição ao Direito, chamado de Direito burguês, ou "Direito deles"; à Democracia, que não seria substituída pela ditadura da sociocracia, mas pela "ditadura do proletariado"; e à Psicologia, ciência completamente desprezada nos escritos do "socialismo científico" do século XIX. O ponto positivo da proposta é que seus autores recomendavam que ela deveria ser aplicada primeiro nos centros industrialmente mais desenvolvidos, como era a Inglaterra na época. Nada de Rússia. Não foi possível, porém, construir um processo que pudesse convencer a população britânica a trocar sua "democracia burguesa" por uma ditadura, mesmo sendo ela a "ditadura do proletariado", o que significava ditadura "da maioria".

Implantada a ditadura do proletariado na Rússia, anos depois John Maynard Keynes escreveu que os soviéticos seguiam o livro científico deles como se este fosse uma Bíblia. Iosif Stálin, que despontou como grande líder após a morte de Vladímir Lênin, era um ex-seminarista da Geórgia. Diferentemente de Lênin, ele mandava incendiar igrejas católicas ortodoxas como meio de eliminar resistências a seu regime. A ideia era preservar apenas os clérigos subservientes.

Chamado de "guia genial dos povos", Stálin pontificou por décadas como um salvador do mundo, para milhões de militantes. Era um messias de uma religião laica.

Fazia parte da doutrina positivista de Comte a recomendação de não investigar causas primeiras e finais. Isso não tinha solução nem importava para o propósito daquela filosofia. Contudo, Comte na maturidade arranjou uma namorada, Clotilde de Vaux, que era uma mulher muito religiosa. Ela o convenceu de um fato de entendimento cristalino para a maioria das pessoas: a maioria precisa de religião, e não consegue viver sem ela.

Comte, tomando ciência de que a palavra "religião" deriva do verbo "religar", mas sem aceitar ceder ao transcendentalismo, criou a "religião positivista", ou "religião da Humanidade". Em lugar de uma divindade, o altar teria a estátua de uma mulher (Clotilde, obviamente), segurando uma criança nos braços. Essa estátua representava a Humanidade. No lugar de apóstolos ou santos, as laterais da Igreja Positivista ostentariam estátuas de cientistas e filósofos do passado. Para o funcionamento dessa igreja o filósofo escreveu um livro chamado "Catecismo Positivista".

A religião laica estava, portanto, codificada.

Os líderes políticos do século XX não abraçaram explicitamente a religião positivista. Mas ela estava subjacente ao comportamento de grande parte deles, principalmente dos que implantaram ditaduras.

O kamikazes da II Guerra Mundial morriam em missão suicida em nome do imperador, que era tido como um deus transcendente. Não é difícil perceber que, para o que está deixando a vida, morrer por uma causa pretensamente divina é mais confortável que morrer por uma causa política constituída como uma religião laica, uma "religião da humanidade". Para Lee Oswald, a morte dele deve ter sido algo muito mais insensato que a morte dos fanáticos cátaros, os seguidores gnósticos de Maria Madalena, mortos na fogueira sob o mando de Simon de Montfort, Barão de Amury, no início do século XIII francês. Eles, segundo relatos da época, iam para a fogueira cantando hinos, louvando ao Senhor pela graça de estar sendo libertados da prisão da carne.

No fim das contas, a religião nunca saiu de cena no ambiente das guerras. Quando se imaginou, ao longo do século XX, que as administrações dos países tinham separado a religião do Estado, a religião laica contaminava o cérebro das pessoas.

O que ocorreu em 1979 no Golfo Pérsico foi que a religião voltou participar da política e das guerras em moldes medievais. Aquilo que a Revolução Francesa enterrou, à flor da terra, Teerã exumou.

Materialismo. O materialismo acadêmico tem dado importância à inflação?

O materialismo histórico seria a chave do comportamento humano se as pessoas agissem como animais irracionais. Os cães de Pavlov e os pombos de Skinner respondiam aos estímulos alimentares de forma mecânica. Tudo era previsível. O materialismo histórico explica muito bem o lado puramente animal das ações sociais humanas. Além desse limite, cai-

As Três Causas da Guerra

se na questão da "interpretação ventriolesca da história", no dizer jocoso de Antonio Gramsci, fundador do Partido Comunista Italiano, hoje extinto.

O materialismo comportamental foi desenvolvido pelo reverendo Thomas Robert Malthus, primeiro professor de Economia da história. De seu livro "Ensaio sobre a População" derivou-se o materialismo histórico, por intelectuais que zombaram de suas propostas. Malthus inspirou Charles Darwin, no desenvolvimento da teoria da Seleção Natural, exatamente pelo aspecto material do comportamento. Apanhados por períodos de dura escassez, os chineses passaram a comer gafanhotos e outros insetos, explicou Malthus. Se continuássemos a promover o crescimento da população de forma desordenada, teríamos problemas gravíssimos mais à frente, ante a disputa por alimentos, e, agora sabemos, também por água potável. Darwin reconheceu a contribuição de Malthus em seu trabalho, sem nenhum medo de ser diminuído por isso.

Albert Einstein, defensor do socialismo democrático, não da ditadura do proletariado, sabia que a humanidade agia por ditames superiores aos do materialismo comportamental. Por isso é que, no fim da II Guerra Mundial, ele apelou às grandes potências para, primeiro, evitar a corrida nuclear e, em segundo lugar, fundar um governo mundial, tendo como sócios principais os Estados Unidos e a União Soviética, resultando disso a criação da ONU, que saiu do papel três meses depois da publicação do manifesto do cientista.

Textos do materialismo histórico prognosticavam em meados da década de 1890 que uma guerra mundial ocorreria em breve, porque as grandes potências, entre elas o Império Britânico, o Império Austro-Húngaro, o Império Russo e o Império Alemão, vinham disputando o mercado mundial e não teriam como chegar a uma solução pacífica. Acertaram, mas a faísca que acendeu o barril de pólvora não foi a disputa de mercados em si, e sim a inflação do Império Austro-Húngaro, que oprimia os Bálcãs e levavam grupos anarquistas a praticar ataques armados contra autoridades. O materialismo é um instrumento válido de análise, mas não é um mecanismo de causa e efeito para o comportamento humano no que extrapole seu escopo puramente animal.

A massa humana tolera opressões tirânicas de quase todas as formas, mas reage indignada contra aumentos de preços e aumentos de tributos. É muito preocupante a pouca atenção que historiadores, psicólogos e outros estudiosos dão ao papel da inflação, ou da carestia, nas convulsões sociais. A inflação não significa apenas tirar a comida da mesa do outro, mas fazer isso e muito mais através da manipulação de um símbolo cultural, que é a moeda. Sem o uso da Psicologia, como recomendado por Stuart Mill, ignora-se o ponto principal do desenrolar da história. Obviamente, isso é muito mais complexo que o mero cálculo da transferência de bens materiais de uma pessoa para outra.

Líderes

Além da força que tem a inflação no impulsionamento das grandes mudanças da história, como na Revolução Francesa, o outro aspecto desprezado, ou que, pelo menos, deixa de ter o olhar que merece, é o da força da influência das lideranças persuasivas sobre as massas, como foi o caso de Hitler, mas também de muitos outros antes dele. É claro que Hitler pôde alcançar diretamente o ouvido do cidadão incauto, através do rádio, enquanto que líderes anteriores, desde Guttenberg, dependiam da formação de outras lideranças, através de jornais e revistas, para só então chegar ao trabalhador mais humilde e pouco letrado. Essa interface, a leitura, propiciava depuração, de modo que os líderes em ascensão deveriam mostrar alguma capacidade intelectual acima da que possuía a média das pessoas. Os fortes líderes influenciadores de baixo intelecto que, como Hitler, dependiam de conversa ao pé do ouvido, esses conseguiam formar exércitos muito localizados e restritos de fiéis.

Nos tempos de rádio, TV e, agora, internet, que é a TV barata, o poder de persuasão de líderes oligofrênicos atinge níveis antes inimagináveis. Como enxergaram claramente David Ricardo e Marshall McLuhan, uma máquina sempre estende enormemente o alcance de seu proprietário.

Além de Hitler, o século XX conheceu a grande força mesmerizante de Iosif Stálin, Benito Mussolini (auto-intitulado "apóstolo da violência"), Hideki Tojo, Francisco Franco, Pol Pot, Jiang Qing (viúva de Mao Zedong), Idi Amin, Haji Suharto, Slobodan Milosevic e Saddam Hussein, entre vários outros.

Houve também aqueles líderes que, sem alcançar a chefia de um Estado ou de um governo, dominaram a mente de um rebanho de pessoas, incluindo gente com inteligência muito superior à do indivíduo que se tornou o centro da "causa". Um caso de grande riqueza de dados para estudos psicológicos é o do músico medíocre Charles Manson, líder místico que foi para Los Angeles criar uma comunidade de artistas e admiradores que passaram a seguir todas as suas ordens. Muitos assassinatos foram cometidos sob as ordens do líder, que imaginava poder enganar a polícia, que, em sua avaliação, logo culparia o grupo "Panteras Negras". O caso ganhou notoriedade internacional quando uma das pessoas assassinadas foi a atriz Sharon Tate, então esposa do diretor cinematográfico Roman Polanski.

Dos líderes delinquentes notórios talvez o nome mais significativo seja o de Al Capone. Chegou a Nova Iorque ainda criança e na idade adulta entregou-se ao crime. Aproveitou-se da Lei Seca para traficar bebida alcoólica e amealhou enorme fortuna, tornando-se o maior chefe mafioso em atuação nos Estados Unidos. Preso por inconsistência na declaração de imposto de renda, cumpriu pena na prisão de Alcatraz. Quando foi liberado em 1939 estava mentalmente lesado, em estado irreversível. O segundo nome mais importante na máfia é o de Charlie "Lucky" Luciano, que enriqueceu controlando o tráfico de heroína em Nova Iorque. Tinha domínio dos negócios do jogo e da prostituição. Também fez parte do tráfico de destilados durante a Lei Seca. Voltou para a Itália e lá continuou seu império criminoso, morrendo de colapso cardíaco em Nápoles, em janeiro de 1962. É considerado o pai do crime organizado moderno. Outros chefes mafiosos de grande projeção foram Frank Costello e Carlo Gambino.

Fora da máfia siciliana, o caso mais emblemático de liderança criminosa foi a do narcotraficante colombiano Pablo Escobar, assassinado em 2 de dezembro de 1993 na cidade de Medellin.

Diferentemente dos líderes políticos, que têm de agir abertamente à cata de seguidores de todos os estamentos sociais, os líderes do crime logram controlar nichos. Criminosos mais poderosos comandam redes de criminosos obedientes. Se o líder não tem poder influenciador, logo é denunciado. Se tem o devido poder de dominação de mentes, ganha um aro de proteção por parte de seus seguidores.

Um genocida pode ter sob seu comando um ou mais agentes exterminadores, sem que o líder pessoalmente tenha envolvimento com mortes. Josef Mengele, por exemplo, foi um frio matador, sob o governo de Hitler, cometendo milhares de assassinatos apenas dentro de sua atividade médica. Fugido da Alemanha após a Guerra, foi acolhido com garantias pelo regime do General Juan Domingos Perón, na Argentina, em meio a outros refugiados nazistas, tendo-se transferido para o Brasil quando os ventos mudaram de cor no país do sul. Vivendo com identidade falsa, faleceu na cidade praiana de Bertioga, São Paulo, em fevereiro de 1979.

Além da diferença de plateias, entre o líder político e o líder criminoso, aberta a primeira, fechada a segunda, a outra grande diferença é que o líder político problemático mostra-se desastroso para as massas apenas quando já obteve sucesso, enquanto que o chefe do crime tem de despontar como delinquente nos passos iniciais de sua carreira. Um ditador promissor em sua trajetória é, como foi dito acima, alguém que tutela e na aparência protege o pobre, enquanto persegue e massacra os intelectuais. Por isso, enquanto o governo não desmorona pela própria incompetência, ou por fatores alheios às vontades pessoais, a oposição não consegue ganhar a confiança das massas.

No que se refere à índole, ambos são da mesma natureza. Para um líder desse tipo, praticar ou comandar genocídios está em seu campo de perspectivas, como meio de alcançar seus objetivos, seja em nome de sua "famiglia", o grupo de comandados, seja em nome da fração nacional que ele se arvora em representar.

Tanto para a formação de um "império" no crime organizado quanto para a consolidação de um governo autoritário populista é necessário o trabalho de alguns anos. Quando Hitler ganhou com 88% o plebiscito da auto-nomeação, em 1934, abolindo o parlamentarismo, ele mostrou que tinha o apoio da quase totalidade do eleitorado alemão. Mas naquela altura, com apenas um ano de gestão, os alemães não estariam ainda dispostos a morrer por ele, se houvesse uma convocação para tal. A partir de 1939, como se viu, ele já havia conquistado corações e mentes. A população já estava disposta a matar e morrer por seu líder.

Mandato. Limite de mandato é sadio para a população?

Na República, no entanto, nenhum governante sensato busca reeleger-se por um número excessivo de termos. Em regime parlamentarista, convém que o chefe de Estado não ultrapasse os quatro ou cinco anos. A reeleição, que leva o comandante em chefe a manter-se por oito, dez ou 12 anos no cargo, constitui-se em medida das mais temerárias na política.

Se o presidente, por lei, exerce apenas um mandato, quadrienal ou quinquenal, o premier pode reeleger-se por uma ou duas vezes, sendo 12 anos um limite razoável, mas oito anos sendo mais recomendável. A saúde psíquica dos governados está assegurada pela interdição da reeleição do chefe de Estado.

Inicialmente, a ideia de limitar o número de anos do mandato do chefe supremo é coisa de políticos liberais, não de um resultado acadêmico. Os conservadores e seus antípodas plebiscitários não veem nenhum problema em manter a pessoa do comandante em chefe por décadas no cargo. Os políticos democráticos, tentando situar-se no meio termo, experimentam um modelo ou outro, sem um pendor claro para o lado dos longevos ou o lado dos alternantes.

Como nas últimas décadas o mundo conviveu com as duas modalidades de chefias, a academia já tem dados comparativos suficientes para concluir pelo abandono da ideia da presidência longeva.

Compare-se, por exemplo, a gestão de Luigi Einaudi, segundo presidente da República da Itália, que exerceu mandato de sete anos, entre 1948 e 1955, com a gestão de algum presidente que tenha sido mantido no cargo por mais que o dobro desse período. Quem encontrar um que não tenha mergulhado seu país em guerras, revoluções ou lastimável estado de miséria, terá pela frente um líder de personalidade fraca, que não impressiona seus comandados. Alguns presidentes de mandato longo foram José Eduardo dos Santos (Angola, 1979-2017, 18 anos), Robert Mugabe

As Três Causas da Guerra

(Zimbábue, 1980-2017, 37 anos), Omar al-Bashir (Sudão, 1989-2019, 30 anos), Hosni Mubárak (Egito, 1981-2011, 30 anos), Alfredo Stroessner (Paraguai, 1954-1989, 35 anos), Hafez al-Assad (Síria, 1971-2000, 29 anos), François Duvalier "Papa Doc" (Haiti, 1957-1971, 14 anos), Haji Suharto (Indonésia, 1967-1998, 31 anos).

Do lado dos liderados, os malefícios da longevidade do presidente da República são inúmeros, mas a posição dá grandes ganhos a ele, que, se não for bem informado quanto ao perigo que sua permanência além do razoável representa, buscará convencer os comandados de que a melhor opção para chefiar o país nos próximos anos é ele mesmo.

Ele, porém, não percebe a transformação negativa que ocorre em sua volta em relação a ele próprio: a partir do sexto ou do sétimo ano de mandato, sua cabeça está decifrada por seus acólitos, seus homens de confiança. O poder que ele detinha no início devido a seu magnetismo pessoal desaparece. A partir daí, sua autoridade é artificial, toda fundamentada no significado do cargo. Se for indivíduo de índole violenta, tenderá a eliminar fisicamente os velhos aliados que já se mostram indignos de confiança. Se for pessoa pacata, ou se as leis o impedem de lançar mão de métodos truculentos, continuará comandando, porque a posição dá esse direito, mas não passará de um jogador cujos lances estão todos mapeados, permitindo que não só as crianças, mas também os adultos, vejam que "o rei está nu".

Reeleição. Líder competente precisa de mandato longo?

Por mais que a satisfação de estar no ponto mais alto do topo da pirâmide de Maslow seja algo que encante a quase todos os cidadãos, manter-se nesse posto por oito, nove ou mais anos torna o indivíduo um fantoche ridículo, mesmo quando dado a atos violentos. E esse sentimento será tão mais acentuado quanto maior for a consciência republicana de seus comandados.

Se esse chefe encastoado na cadeira presidencial julga-se respeitador dos princípios democráticos, precisa então ter conhecimento do conceito de "contradição da democracia".

Segundo Karl Mannheim, a contradição da democracia é um fenômeno observado no fim de uma apuração de votação. Quando os cidadãos se reúnem para escolher o chefe, eles todos são teoricamente iguais. Ninguém contesta que a democracia depende dessa condição. No momento em que os votos são apurados, um daqueles cidadãos deixa de ser igual aos demais. É aquele que foi eleito. Agora suponhamos que esses mesmos cidadãos reúnam-se novamente após quatro anos, para nova eleição, e entre os candidatos encontra-se esse que foi eleito na outra vez e exerceu o poder por esse quadriênio. Ele está concorrendo, como os outros, mas não é um igual. Ele concorre na condição privilegiada de chefe, mesmo que tenha havido um período prévio de desincompatibilização do cargo.

Os candidatos à reeleição para a chefia nos países democráticos sabem que sua candidatura difere-se da candidatura dos novatos, mas justificam sua decisão de concorrer alegando o direito de ser submetido a um julgamento sobre o mandato que se encerra. O pretenso pleito torna-se um plebiscito: mantém-se o chefe atual, ou não.

John Kenneth Galbraith defendia proibição de reeleição para cargos parlamentares, porque, segundo explicava, o primeiro mandato era voltado aos eleitores, mas os seguintes serviam ao "planejamento", isto é, à burocracia. O raciocínio do economista não era muito convincente. Um parlamentar manter-se por três ou quatro quadriênios na mesma casa legislativa não traz prejuízos, a não ser para os concorrentes novatos que querem ocupar seu lugar.

A experiência adquirida ao longo dos anos torna o parlamentar mais competente e mais sábio. Winston Churchill foi eleito parlamentar pela primeira vez ao 25 anos, reelegendo-se várias vezes, ficando fora da Câmara por poucos anos depois da primeira eleição. Quatro décadas depois, aos 65 anos de idade, no dia 10 de maio de 1940, tornou-se primeiro-ministro pela primeira vez e inverteu o entendimento que o governo inglês vinha tendo em relação à ditadura de Hitler. Ao contrário do que muitos imaginam, eram poucos os que enxergavam o significado destrutivo do nazismo. O Marechal Pétain aceitou formar o governo colaboracionista na França porque via no hitlerismo uma novidade vantajosa para os povos. Sem a eleição de Churchill, experiente parlamentar, o desastre do nazismo poderia ter-se enraizado na Europa e durado por décadas, com expansão crescente.

Assim, pode ser conveniente limitar o número de mandatos numa mesma casa, em 16 ou 20 anos, por exemplo, sem impedir o parlamentar de concorrer a outros parlamentos. Numa federação, o congressista de muitos mandatos pode passar a concorrer à assembleia estadual, e vice-versa.

Os parlamentares, como outros políticos, são os batedores da comitiva da sociedade, juntamente com as Forças Armadas e os diplomatas. Sua atuação deve ser mais valorizada. Nos tempos da tirania, governantes eram bandoleiros que ganhavam um prêmio ao conquistar o poder, pois escondidos nas cavernas e caçados corriam um risco muitíssimo maior. Na era do desenvolvimento da democracia, pessoas honestas e bem instruídas que aceitem governar devem ser objeto de admiração do eleitor. No entanto, se lutam com unhas e dentes para chegar ao posto, emitem sinal funesto, pois, segundo Platão, aquele se auto-candidata ao governo não tem mérito para governar.

Se precisamos limitar mandatos do chefe de Estado, é por imperativo categórico: reeleições e longevidade do presidente da República acarretam mortandade.

Franklin Delano Roosevelt foi presidente de 1933 a 1945, logrando sucessivas reeleições. O número de reeleições para presidente dos Estados Unidos era ilimitado na época, por pura inocência, pode-se dizer. Com a experiência da II Guerra Mundial e análise de suas causas, ficou claro para os políticos do país que longevidade do chefe de Estado era uma fábrica de barris de pólvora. O vilão maior da guerra abocanhou o cargo de presidente federal da Alemanha com intenção de não mais sair de lá enquanto vivesse, e não era o único exemplo trágico nesse sentido. Stálin, que ajudou a derrubar o nazismo e depois sustentou a Guerra Fria contra os Estados Unidos e todos os países da economia de mercado, seguiu o propósito de Hitler e deixou o posto de chefe maior apenas com o último suspiro. Nos Estados Unidos, os detentores de mandatos presidenciais, que são quadrienais, passaram a ter direito de concorrer a apenas mais uma eleição, de modo que um presidente dos Estados Unidos pode dirigir o país por um máximo de oito anos.

Como ônus pela longevidade, após o sétimo ano o presidente é visto como um "pato manco", alguém com poder declinante e pouco efetivo.

O ideal, porém, é que não haja reeleição presidencial, pois um mandato de quatro anos, se é curto para uma pessoa incompetente, é muito longo para alguém dotado de capacidade. E os incompetentes não deveriam ter chance de alcançar esse posto.

Retrocesso. China corre risco sob mandatos presidenciais ilimitados?

Depois da queda do Muro de Berlim, sob Gorbatchev, e a consequente dissolução da União Soviética, sob o sucessor Bóris Ieltsin, a Rússia adotou o modelo norte-americano, de mandato presidencial quadrienal com possibilidade de apenas uma reeleição. Os presidentes russos, porém, bebem no poço das ilusões orientais e, com isso, o Presidente russo Vladímir Putin, patrocinou alteração na Constituição do país mudando o período quadrienal para sexenal. Os presidentes russos passaram a ter direito a um mandato de seis anos com possibilidade de reeleição para mais um sexênio.

O retrocesso mais temerário ocorreu na China. Pela Constituição de 1982, que aboliu a possibilidade da vitaliciedade maoísta, o presidente da República passou a ter mandato quinquenal, com possibilidade de outro período subsequente de mesma duração. Desde estão os presidentes vinham cumprindo dez anos de poder, sempre reeleitos uma única vez pelo Parlamento. Porém, em 2018, pouco antes de ser reeleito para seu segundo e último mandato quinquenal, o Presidente Xi Jinping enviou ao Parlamento projeto de extinção da limitação do número de mandatos. Em tese, os presidentes chineses poderão ser reeleitos até morrer. Como não existe a perspectiva de rebelião parlamentar, ainda mais sob chefia de Estado virtualmente vitalícia, a interrupção em vida do mandato de um presidente chinês só ocorrerá por golpe de Estado.

Com a decisão de Xi Jinping pela continuidade interminável do mandato presidencial, o grande perigo bélico mundial voltou a rondar a humanidade. O grande foco de infecção guerreira não é mais Berlim, Moscou, Sarajevo, Cairo ou Teerã, mas Pequim, muito provavelmente ativada por Piong-Yang, capital de um país dirigido por um homem-espoleta, ou, no dizer do Presidente Donald Trump, um homem-foguete.

A política de Xi Jinping aparece como ainda mais arrogante quando se observa a evolução dos últimos anos. A França, que em sua Quinta República vinha mantendo há décadas o estatuto de uma reeleição em mandato de sete anos, adotou, no ano 2000, durante a presidência de Jacques Chirac, o mandato quinquenal. Manteve-se o direito do presidente a uma reeleição, mas com mandatos de cinco anos, exatamente como na China pré-Xi. Em Cuba, durante a presidência de Raúl Castro, de 2008 a 2018, foi também instituído o mandato de cinco anos com direito a apenas uma reeleição. Nisto, Cuba estava seguindo tanto a França como a China. Com o exemplo infantil de Xi Jinping, grandes conquistas civilizatórias correm serio risco.

Tripé. Há motivo para aceitar um chefe de Estado vitalício?

Está claro já nesta altura que um dos sustentáculos do tripé da tragédia histórica é a vitaliciedade do chefe de Estado. Como devemos enxergar a monarquia nesse quadro? Exatamente como nos casos de República com chefia vitalícia. Durante os milênios em que a humanidade teve como padrão de organização política a monarquia absolutista, a guerra foi uma constante.

Depois do fim da II Guerra Mundial, a Europa Ocidental viveu mais de quatro décadas sem nenhuma guerra, até a eclosão da Guerra dos Bálcãs, na Bósnia-Herzegovina, entre 1992 e 2001. Entre as razões dessa paz duradoura estavam o trabalho da ONU, o medo do uso de armas atômicas, a estabilidade monetária, o fortalecimento das democracias e a rejeição a dirigentes longevos nos países mais importantes, como a França, a Itália e a Alemanha, apesar da ditadura de Franco na Espanha. Todas as monarquias europeias já haviam abandonado o absolutismo. Nas chamadas monarquias constitucionais, o chefe de Estado não governa, apenas reina. Isto significa que, mesmo tendo mandato vitalício, o monarca não interfere na vida cotidiana dos súditos, sendo esta uma tarefa do primeiro-ministro. Se mudam os impostos, as regras escolares, o código de trânsito ou as leis trabalhistas, tudo isso está na esfera de atuação do Parlamento e do chefe de governo, o premier. O monarca, quando ciente de sua posição, sequer torna pública sua opinião a respeito de qualquer tema em discussão entre os legisladores.

Pela experiência de muitas décadas, a humanidade tem alguma garantia de que a monarquia constitucional, sob o regime do ditame "reina, mas não governa", traz risco pequeno à paz.

Não há dúvida, porém, de que a República, sem chefes longevos, é mais segura. A única perda que um país tem ao passar da monarquia para a República é a ausência de um "zelador do patrimônio público", material ou imaterial. Esse papel, nas monarquias, é exercido pelo rei, ou pelo imperador, de modo vitalício. É um fator de estabilidade emocional e cultural. Mas o custo, pelo risco, é maior que o benefício. A República pode, e deve, adotar o posto de "zelador do patrimônio público", que não é o presidente da República, nem o premier, nem o presidente da suprema corte, nem o procurador geral, nem o advogado geral, mas um funcionário público com essa função específica, que transcenda períodos de governos. Ele, de preferência, exerce seu cargo até aposentar-se. Como não deve chegar ao posto com pouca idade, o tempo que ele tem na função não é coisa muito extensa.

Quando o vandalismo de pessoas mal-educadas deixar de ser um problema para as administrações públicas, dentro de algumas décadas ou séculos, então o cargo de "zelador do patrimônio público" poderá ser extinto.

De todo modo, é a pessoa do chefe de Estado, como já foi dito acima, que não deve permanecer por muitos anos no posto.

Nossos ancestrais não tiraram do nada a ideia de aceitar um chefe vitalício. Isso veio de um erro de interpretação da natureza. Formigas e abelhas, que sempre foram exemplo de laboriosidade, sempre tiveram em sua comunidade uma figura tida como "rainha". Entendia-se que ela era a chefe de uma "sociedade". Quando começamos a formar sociedades de humanos, instituir o posto de "rainha" para alguma pessoa forte pareceu algo muito natural. O que esses humanos descobriram, vários milênios depois, é que não havia uma "rainha" entre as abelhas ou entre as formigas. Aquela figura grandona, servida por indivíduos mais franzinos, é nada mais que a mãe de todos aqueles operários. Uma mãe, não há dúvida, é para a vida inteira.

Um chefe de Estado está muito longe de ser uma mãe. Não há motivo para que ele seja longevo, a não ser o de insistência num erro infantil de interpretação.

A longevidade do chefe, primeiro motor da tragédia, responde pela letra **V**, de vitaliciedade. É a primeira perna da tragédia para um país.

Teocracia

A segunda perna é a teocracia, a letra **T**. Por muitos séculos, monarquia vitalícia e teocracia andaram juntas, pois muitos monarcas eram considerados deuses. Mesmo depois que a divindade passou a ser coisa de fora deste mundo, como no caso de Áton, o deus-sol de Aquenáton, os monarcas eram os indivíduos que pareciam ter contato direto com o Ser Supremo. Quando Moisés, guiando os judeus pelo deserto ao longo de 40 anos, entrava na tenda sozinho, ou subia sozinho na montanha, o que se entendia era que ele estava indo encontrar-se com a divindade. E quando ele dizia que tinha esse contato, estava sendo sincero, porque era aquilo mesmo que ele sentia. Se cunhou as tábuas da lei, fez isso em sua intimidade, sem testemunhas, diretamente inspirado pela divindade. Quem deveria duvidar se ele mesmo não duvidava?

Moisés, como chefe de um povo, foi um teocrata, mas esse era o modo de dirigir pessoas naquele tempo. Seu pai adotivo, o faraó, também era teocrata, assim como a quase totalidade dos chefes de Estado da época.

Havia guerras por todo o tempo? Sim. Os chefes eram culpados, por cultivar a vitaliciedade e a teocracia? Nem um pouco. Eram muito menos culpados que os médicos que no século XVIII aplicavam sangria como método de cura e levavam muito paciente a morrer precocemente. Esses médicos confiavam em seu método, e como toda atividade médica envolve risco, a possibilidade da morte do doente estava posta na mesa. Se podemos atribuir um pouco de culpa a eles pelas mortes de pacientes, e nenhuma aos monarcas de três milênios atrás pelas guerras provocadas, é porque esses médicos recebiam treinamento científico, de questionamentos e especulação. Mas só com séculos de erros e muito esforço de imaginação conseguiram escapar dessa prática maluca.

A teocracia apresenta uma agravante em relação à mera vitaliciedade do chefe: o pensamento é condicionado por dogmas. Se há a ordem de matar uma mulher porque ela é considerada uma feiticeira, o receptor do comando não titubeia. A ordem vem de uma certeza dogmática. Dá-se a vida sem questionar, tira-se a vida sem questionar.

O cristianismo é uma doutrina construída sobre o teor de um discurso, o Sermão da Montanha. Nele, o ponto mais importante foi a revogação da Lei de Talião: Se alguém te bater numa face, oferece a outra face. A recomendação de não responder o mal com o mal, a violência com a violência, a agressão com a agressão, esta é a base da doutrina cristã no que tange ao comportamento dos fiéis.

As guerras, porém, não cessaram. Um motivo era que enquanto uns eram cristãos, outros não eram, e para sobreviver era necessário resistir ao inimigo. O outro motivo, mais determinante, era que os governos constituíram-se como teocracias.

León Tolstói, que aprendeu grego para ler os Evangelhos no original, desenvolveu a convicção de que os cristãos não praticavam o verdadeiro cristianismo, por não seguir o conselho central do Sermão da Montanha. A guerra, ele afirmou, não faz nenhum sentido em sociedades cristãs. Alistar-se no exército é a prova maior de que não se é cristão.

Tolstói, porém, não prestou atenção num detalhe histórico fundamental. Na Batalha de Poitiers, no ano 732, Carlos Martel comandou os exércitos da França para derrotar os muçulmanos, que já haviam dominado a Península Ibérica, desde o ano de 711, e agora pretendiam avançar conquistando a França.

Carlos Martel impediu a entrada dos árabes e, com isso, eles não puderam converter a França, a Alemanha, a Polônia e a Rússia, como o propósito deles. Carlos Martel recebeu da Igreja Católica o título de "Herói da Cristandade". Sem ele, quase certamente não teria havido a Guerra de Reconquista, de El Cid, que iniciou a expulsão dos mouros da Espanha.

Sem ele, quase certamente Tolstói não seria cristão, mas muçulmano. Se Carlos Martel tivesse seguido à risca o Sermão da Montanha, como Tolstói achava que todo cristão deve seguir, teria desistido de enfrentar os árabes. Teria aceitado a dominação muçulmana e o cristianismo teria desaparecido da história, porque a Península Itálica tampouco teria conseguido resistir.

Como será possível seguir a recomendação de não responder à violência com violência? Ora, isso ocorrerá quando as causas da guerra estiverem devidamente entendidas pelos vários exércitos e pelos vários governantes do mundo.

A atitude de não querer a guerra não foi até hoje capaz de evitá-la. Não basta, portanto, rejeitar. É necessário saber porque ela ocorre e porque ela se apresenta à nossa frente como imperativo categórico.

Não vale, para investigar as causas, confundi-las com quaisquer subterfúgios. Questão de honra, questão de disputa econômica, questão de diferença étnica, tudo isso é motivo para propaganda, mas nenhuma dessas razões é causa.

Reincidência. A volta da teocracia na Pérsia inspirou a Guerra dos Bálcãs?

Mesmo que à primeira vista os fatos não apresentem parentesco, é necessário ligar os pontos quanto à primeira guerra ocorrida na Europa Ocidental após a criação da ONU. Esses pontos são os que vêm a seguir. Em 1453, o Império Turco-Otomano conseguiu finalmente entrar na Europa, valendo-se do estado de terra arrasada resultante da Guerra dos Cem Anos, conflito entre França e Inglaterra que durou, na realidade, 116 anos, indo de maio de 1337 a outubro de 1453. Os muçulmanos levaram sua doutrina ao sul dos Bálcãs e ao Cáucaso, mas não avançaram muito além disso. A cultura cristã estava muito consolidada no Ocidente, embora a prática religiosa não mostrasse isso. De qualquer modo, o primeiro ponto da fatídica Guerra dos Bálcãs foi a Queda de Constantinopla, tomada pelos turcos, em maio de 1453. A França livrou-se da invasão britânica, mas a um custo alto demais. Deve-se notar também a semelhança com o fim da I Guerra Mundial: Lá, no fim da Idade Média, a Queda de Constantinopla despertou para uma conclusão os atores em luta, que eram França e Inglaterra. Em 1917, a queda do Império Russo teve o mesmo papel nos ânimos dos aliados ocidentais, que agora contavam com Inglaterra e França do mesmo lado.

Façamos agora a ligação com o outro ponto. O cristianismo, como dito acima, estava consolidado, mesmo sem espalhafato e sem grandes demonstrações de vigor, a não ser pela Guerra dos Trinta Anos, de 1618 a 1648, de protestantes contra católicos, envolvendo França, Alemanha, Espanha e Península Itálica, entre outras potências. Esse conflito veio como fase final da Guerra de Independência da Holanda frente à Espanha, ou Guerra dos Oitenta Anos, que durou de 1568 a 1648. A guerra de Carlos Martel, no século VIII, continuou e continua incrustada no imaginário popular, constituindo-se numa força imensa a fazer com que os europeus resistam à investida de quaisquer religiões fora do cristianismo. Para enfrentar essa cultura cristã consolidada veio a Revolução Islâmica de 1979, na Pérsia, rebatizada de Irã. Este é o outro ponto necessário para a compreensão do porquê da Guerra dos Bálcãs.

Bósnia. Que país dos Bálcãs tem maior proporção muçulmana?

Dos vários Estados balcânicos, o de maior proporção de muçulmanos é a Bósnia-Herzegovina. Ali era onde estava concentrada a maior disputa entre Igreja Católica Romana e Igreja Católica Ortodoxa, quando, na segunda metade do século XVI, os turcos chegaram com sua pregação em favor do islamismo. Entende-se hoje que eles obtiveram maior sucesso naquela área porque ali o cristianismo estava ainda pouco disseminado.

Em torno da Sérvia, no fim da II Guerra Mundial foi formada a República da Iugoslávia, como uma federação de seis Estados: Sérvia, Eslovênia, Croácia, Bósnia-Herzegovina, Montenegro e Macedônia.Sob o comando do Marechal Josip Broz Tito, ela durou oficialmente de 1945 a 1992, quando foi desmembrada, passando cada Estado-membro a funcionar como uma República independente. Em certa altura Tito lançou a ideia de adotar o ensino da língua espanhola em toda a união, como um meio de obter um instrumento comum de comunicação entre as unidades federativas. A ideia não prosperou e quando o marechal morreu, em 1980, o líder Milosevic passou a tomar medidas que levaram à dissolução do bloco.

A região do Kossovo tinha autonomia administrativa dentro da Sérvia. Milosevic, em 1990, assinou medida que aboliu essa autonomia. Em resposta a isso, a região da Krajina, que ficava na Croácia, mas era povoada por sérvios, declarou independência, fazendo com que a Croácia e a Eslovênia tomassem também a decisão de declarar independência, fazendo-se seguir nesse propósito por outras unidades.

Na Bósnia-Herzegovina, os muçulmanos, com 49% da população, formam a religião dominante. A Igreja Ortodoxa tem 35% e a Igreja Católica Romana, apenas 13%, sendo protestantes menos de 1% dos habitantes. Além disso, o país, diferentemente de outros da área, não possui uma identidade étnica própria, sendo formado por uma população que se divide ao meio entre sérvios e croatas. Com a declaração de independência da Eslovênia e da Croácia, os bolsões sérvios e os bolsões croatas da Bósnia-Herzegovina passaram a ser tratados como zonas litigiosas. Quando em janeiro de 1992 a Comunidade Europeia, atual União Europeia, reconheceu a independência daqueles dois países, a guerra civil tomou lugar entre os bósnios.

Com cerca de metade da população fora da cultura cristã, coube à Bósnia-Herzegovina quebrar o longo período de paz que a Europa Ocidental experimentou após a morte de Hitler.

Afeganistão. Expulsar os russos do Afeganistão trouxe coisa melhor?

A Guerra da Bósnia encerrou-se oficialmente em fevereiro de 1994. Nessa altura, uma guerra que se desenvolvia no Afeganistão, a Guerra Russo-Afegã (1978-1992), tomou novos rumos. No dia 27 de abril de 1978 o Partido Popular Democrático tomou o poder, através de um golpe de Estado violento, estabelecendo um governo pró-soviético, sob o comando do escritor Nur Muhammad Taraki. Em setembro de 1979, Taraki foi assassinado por ordem do então primeiro-ministro, Hafizullah Amin, que passou a governar como ditador Inspirados e insuflados pela Revolução Islâmica do Irã, jovens guerrilheiros jihadistas, os mujahedins, vinham atacando o governo e cometendo atentados há alguns meses. O Partido Popular Democrático, após a derrubada de seu líder Taraki, pediu ajuda de Moscou. Menos de quatro meses após o golpe de Amin, o Exército Vermelho interveio, decapitando o ditador e impondo nova administração.

Naquela altura, membros do Partido Republicano dos Estados Unidos, especialmente o congressista Charlie Wilson, deputado do Texas, vinham desenvolvendo uma campanha para convencer empresários ricos a financiar os mujahedins com armas e dinheiro, para que estes expulsassem os russos do Afeganistão. A motivação maior para essa campanha foi o assassinato, em fevereiro de 1979, do embaixador norte-americano em Cabul, Adolph

Dubs. Isso fez com que os conservadores dos Estados Unidos passassem a enxergar a nova administração do Afeganistão como inimiga de seus interesses ali. A campanha teve sucesso e os guerrilheiros foram fortalecidos, para surpresa do Exército Soviético, que sofria ataques de todos os lados, tendo aeronaves derrubadas e outros equipamentos destruídos em explosões.

Apelidada de Vietnã Soviético, a Guerra Russo-Afegã teve o papel de desmontar uma poderosa peça de propaganda interna, que, há décadas garantia aos habitantes da União Soviética que a administração stalinista não promoveria guerras externas. Até então, a experiência era a de responder a invasões, como a dos exércitos nazistas, ou promover intervenções rápidas para restabelecer governos aliados, como já havia acontecido em Praga. O revés sofrido no Afeganistão, quando uma mera troca de governo, para, estrategicamente, encerrar um período conflituoso, resultou num longo processo bélico. O governo soviético não tinha como avaliar de antemão o peso do ânimo provocado nos jovens pela Revolução Islâmica do Irã, mesmo que pudesse auscultar a ajuda que os republicanos norte-americanos vinham dando aos rebeldes.

Em 1989 foram assinados os Acordos de Genebra, que levariam à retirada soviética da guerra, por ordem de Gorbatchev, mas as batalhas afegãs mantiveram-se na prática até 1992, quando o governo do Partido Popular Democrático foi derrubado pelos mujahedins.

No dia 10 de outubro de 1994 foi criada oficialmente a organização chamada Talebãs, liderada pelo mulá (sacerdote) Mohammad Omar. O nome vem da palavra árabe "Talib", que significa "estudante". Posta no plural, a palavra no Afeganistão passou a ter o sentido de "estudantes da religião", ou "seminaristas". O nome atual desse grupo é "Emirado Islâmico do Afeganistão", pois o nome "talebã" perdeu a aura entre os jovens muçulmanos depois da morte de alguns de seus líderes influenciadores, especialmente do mulá Omar, em 2011.

Torres. Quantos milhares morreram na queda do WTC?

Embora a Revolução Islâmica do Irã tenha sido obra da seita xiita, os islâmicos dos outros países são quase todos da seita majoritária, sunita, que abrange cerca de 90% dos muçulmanos. A palavra "sunita" vem de "sunna", tradição, em árabe. O termo "xiita" vem de "Shiat Ali", partido de Ali, sendo este Ali o genro do fundador do islamismo, profeta Muhammed (Maomé). Os sunitas têm sua força maior na Arábia Saudita, enquanto que os xiitas são mais concentrados no Irã. Esses jovens jihadistas do Afeganistão são da corrente sunita, e receberam adesões de muitos sunitas de outros países, principalmente da Arábia Saudita.

Um desses "estudantes" a migrar para o Afeganistão foi Osama Bin

As Três Causas da Guerra

Laden, jovem saudita de família industrial riquíssima.

Embora setores conservadores do Partido Republicano dos Estados Unidos tenham ajudado os talebãs, incluindo o grupo de Osama Bin Laden, na luta contra os russos, com dinheiro, armas e métodos, a probabilidade de ganhar o coração da juventude islâmica do Oriente Médio e do Oriente Próximo para a causa cultural americana era minúscula. Da mesma forma como a aliança com Stálin contra Hitler não resultaria em convivência pacífica entre o governo norte-americano e o ex-seminarista do Kremlin, também os talebãs receberiam o auxílio dos Estados Unidos sustentados no dito do Imperador Vespasiano, "pecunia non olet" (dinheiro não fede).

Foi com esse espírito que em agosto de 1988 Osama Bin Laden criou o grupo Al-Qaeda (A Base), movimento de campanha pela expansão do islamismo a qualquer custo, incluindo ações violentas. Diferentemente do que os talebãs vinham fazendo até então no Afeganistão, com atuação mais voltada para sua região, a Al-Qaeda constituiu-se como uma entidade de alcance mundial. Dinheiro para isso não faltava nas mãos de Bin Laden.

Ações pequenas, com uso de homens-bomba, ou explosões de carros-bomba em supermercados, não trariam à Al-Qaeda a projeção que ela desejava ter. Assim é que foi planejada uma ação no território dos Estados Unidos.

Passados 13 anos do início do funcionamento do grupo, o ato terrorista mais ousado da história foi desfechado contra a cidade de Nova Iorque, o que ocorreu no dia 11 de setembro de 2001.

Jovens suicidas, espécie de kamikazes do século XXI, receberam instrução em simuladores de voo para atuar como pilotos. Se tivessem passado por treinamento regular em aviões propriamente ditos, teria havido a possibilidade de serem descobertos. Experientes aeronautas que analisaram o tipo de voo que esses rapazes fizeram concluíram sem sombra de dúvida que eram pilotos de laboratório, isto é, aprenderam a manejar aeronaves usando apenas computadores, nunca aviões. Quando seguraram o leme do veículo, finalmente, foi apenas para o voo fatal.

Em outros tempos, na época, por exemplo, da primeira versão do filme "King Kong", o edifício símbolo de Nova Iorque era o *Empire State*, com seus 381 metros de altura. Mas em 1973 foi inaugurado o complexo que tinha como conjunto mais emblemático as Torres Gêmeas, com 417 metros de altura (541 metros contando a antena), onde passou a funcionar o *World Trade Center* (Centro Mundial do Comércio). As duas torres, até então os edifícios mais altos do mundo, duraram até o ano de 2001, pois elas ruíram sob o ataque de dois aviões contra elas naquela fatídica manhã de 11 de setembro, também chamado 11S.

Os aviões sequestrados pelos terroristas foram quatro, e este era o número de edificações que eles pretendiam derrubar. Um grupo de 19 jihadistas dividiram-se nos quatro sequestros, tendo sido dois deles desviados para atingir as Torres Gêmeas. Um terceiro avião atingiu e derrubou uma ala do Pentágono, a sede do Departamento de Defesa dos Estados Unidos, na Virgínia. O quarto avião pretendia atingir o Capitólio, sede do Congresso, segundo informações obtidas dos passageiros. Estes, de porte da notícia sobre o ataque às Torres Gêmeas, avançaram sobre o piloto e os demais terroristas na cabine da aeronave, quando sobrevoavam Shanksville, na Pensilvânia. Como iam mesmo morrer, preferiram salvar a vida dos parlamentares e os funcionários da Câmara e do Senado. O avião caiu ali mesmo, na Pensilvânia.

Os quatro aviões sequestrados e sinistrados eram aeronaves de voo comercial regular e estavam em serviço, todos lotados de passageiros.

Dos atentados daquela manhã resultaram 3.016 mortos, algumas dezenas de desaparecidos e mais de 5.000 feridos.

A consequência imediata desses atos foi a mudança no controle do ingresso de passageiros nos voos comerciais, que passaram a ter tratamento muito mais rígido. Também a entrada de imigrantes no país sofreu um choque, especialmente sobre as pessoas oriundas de países islâmicos. O então presidente dos Estados Unidos, George Walker Bush, anunciou a política da "Guerra Contra o Terrorismo", ou "Guerra ao Terror".

Terrorismo. Em que se inspirou o grupo "Vontade Popular"?

No mundo moderno, o terrorismo de indivíduos contra o Estado surgiu entre revolucionários russos que lutavam contra a monarquia, no fim do século XIX. O irmão mais velho de Vladímir Lênin, Aleksander Uliánov, jovem zoólogo premiado por seus trabalhos científicos, juntou-se ao grupo guerrilheiro "Vontade Popular" e promoveu um atentado contra a vida do Tzar Alexandre III. Foi enforcado no dia 20 de maio de 1887, aos 21 anos de idade. Essa execução imprimiu no espírito de Lênin, filho de funcionários públicos da classe média instruída, o propósito de lutar com todos os meios contra o poder imperial. A experiência pessoal levou-o a desenvolver mais tarde um conceito peculiar de "imperialismo": este não seria apenas o poder dos reis, mas o poder exercido pelo grande capital nos países ricos e poderosos, resultando na exploração dos países pobres. A identificação de "grande capital" com "imperialismo" era conveniente para a propaganda revolucionária, mas representava uma guinada na base teórica dos filósofos do "socialismo científico", já que isso embutia a intenção de "pular" a fase histórica da economia de mercado. Retomava também a análise da "teoria das vantagens comparativas", de David Ricardo, mas com sinal invertido em relação ao entendimento do economista inglês. Questionado sobre o plano para a abolição do Estado, respondeu que o Estado a ser abolido era o "Estado burguês", e isso já havia ocorrido,

As Três Causas da Guerra

através da Revolução Russa. Sonho de uns e pesadelo de outros, essa abolição jamais ocorreu de fato.

Os ativistas russos do Vontade Popular inspiraram-se no "Reino do Terror", classificação dada pelos girondinos ao período jacobino dirigido por Robespierre na Revolução Francesa. Segundo os girondinos e os monarquistas, Robespierre tinha instalado o "terrorismo de Estado". Na Grécia Antiga, filósofos defenderam a legitimidade do tiranicídio, com argumentos que justificavam o direito de qualquer cidadão comum assassinar o governante que se tornasse um tirano insuportável. A ideia ficou engavetada durante a Antiguidade Cristã e a Alta Idade Média, até que Santo Tomás de Aquino, resgatando para a escolástica os textos de Aristóteles e outros, dissertou sobre o direito à rebelião. Foi na Revolução Francesa, negando a religião transcendentalista, que os rebeldes aplicaram o direito à rebelião, primeiro decapitando autoridades, políticas e científicas, depois fazendo o mesmo com cidadãos que discordassem da política de Estado. Esses acontecimentos ressurgiram na Rússica, um século mais tarde.

O triunfo da Revolução Russa no fim do ano de 1917 inspirou grupos terroristas em várias regiões do mundo, não só nas lutas proletárias, mas também de hostes do roto-proletariado, facções que viriam a dar sustentação ao nazifascismo. Entre esses grupos estava um que atacava a administração inglesa no território palestino, tomado da Turquia no fim da I Grande Guerra, em 1917. Na partilha do butim do Império Otomano, espalhado pelo Maghreb, pelo Oriente Próximo e pelo Oriente Médio, coube à Grã-Bretanha a possessão do território palestino, onde estava situada a cidade de Jerusalém. Os israelitas, que vinham intensificando a reocupação da área desde o fim do século XIX, e mais ainda após o início da Guerra Mundial, reivindicavam a restauração do Estado de Israel. O *Irgun* (Organização, em hebraico), ou Irgun Zvai Leumi, fundado em 1931, era um desses grupos, constituído como força paramilitar. Num de seus atentados com bombas, destruiu o edifício da administração britânica.. Em 1940 tornou-se partido político, o *Herut Party* (Partido da Liberdade) com grande aceitação popular, tendo com um dos líderes o futuro Prêmio Nobel da Paz Menachem Begin. Ante o crescimento da agremiação, na fase da independência de Israel, em 1948, Albert Einstein, Hannah Arendt e vários outros intelectuais de famílias judaicas publicaram uma carta no jornal New York Times alertando os israelenses contra o Herut, cujos métodos e princípios eles comparavam com os dos partidos fascistas e nazistas da Europa. Em 1973 o Herut fundiu-se com outros partidos menores formando o *Likud* (Consolidação).

Muitos grupos guerrilheiros do século XX fortaleceram-se sob os ecos da pregação de Lênin, segundo a qual o grande capital e o imperialismo são uma só coisa e cabe ao proletariado enfrentá-lo e derrotá-lo, para escapar da opressão. Os atos terroristas foram uma consequência nefasta da adesão a essa doutrina.

Pesquisadores alemães formaram um perfil das mentes terroristas, entrevistando e analisando detentos. Para a maioria desses indivíduos, há uma trajetória comum: opressão social nos primeiros tempos, passagem para a clandestinidade num segundo momento e, finalmente, desenvolvimento de um sentimento de dicotomia amigos-inimigos, na consolidação de um maniqueísmo fanático.

Há empresas de comunicação que recomendam evitar as palavras "terrorismo" e "terrorista", dado o sentido difuso que elas tomaram, em termos de ações e também de propósitos. De fato, tratar um jovem fanatizado e disposto a agir com violência extrema com adjetivos como "terrorista" ou "radical" pode funcionar como incentivo a sua atuação. Eles querem não apenas ser tratados como terroristas ou radicais, mas também querem, mesmo que morram nos atentados, deixar seu nome na grande imprensa dos principais países.

Os planos para o ataque às Torres Gêmeas envolviam transformar a tragédia em grandioso espetáculo pirotécnico, até mesmo pelo horário escolhido, que foi o das primeiras horas da manhã, para que as notícias repercutissem ao longo do dia. Como aquela jihad ("esforço") envolveu 19 comandados suicidas, os nomes desses não importaram, ficando em evidência a pessoa do arquiteto e financiador da operação, Osama Bin Laden.

A imprensa teria muitos adjetivos a escolher, de modo a não emprestar nenhum glamour aos adeptos das ações terroristas. Lunáticos (como Bertrand Ruissell propôs que os nazistas fossem chamados), fanáticos, extremistas e revoltados são alguns desses termos.

Talebãs. Quanto tempo durou a ditadura talebã no Afeganistão?

Em abril de 1992 as principais entre as facções islâmicas em luta no Afeganistão assinaram o Acordo de Peshawar (Pehawar, cidade do Paquistão), com os termos que guiariam a administração do país após a queda do Partido Popular Democrático. Como chefe de Estado foi reconhecido o nome do velho líder mujahedin Sibghatullah Mojaddedi. No fim de maio as facções concordaram em empossar Hekmatyar como primeiro-ministro. Uma semana depois, este assassinou o chefe de Estado, para tomar-lhe o posto. Iniciou-se aí nova fase de lutas, no que ficou conhecido como *Guerra Civil Afegã*. A capital foi quase toda destruída e mais de 50 mil civis foram mortos ao longo dos dois anos seguintes.

Em agosto de 1994, com apoio do Paquistão, o mulá Mohammad Omar comandou uma ação que assassinou os principais "senhores da guerra", marchou até Kandahar e tomou a cidade. Os talebãs, dirigidos por Omar tomaram o poder e instalaram sua ditadura islâmica. Em seu período de gestão, os talebãs destruíram estátuas de Buda reconhecidas como patrimônio da humanidade pela Unesco, obrigaram as mulheres a vestir burca, instituíram o apedrejamento sistemático de mulheres acusadas de adultério e adotaram alistamento de meninos no exército. Estes, conforme denúncias que surgiram mais à frente, sofriam sevícias por parte dos soldados adultos.

Essa grotesca ditadura talebã durou sete anos. Teria durado muito mais, sob o olhar omisso das potências a leste e a oeste, que não pretendiam mais intrometer-se naquele terreno pantanoso, se os ataques às Torres Gêmeas em setembro de 2001 não tivessem sido rapidamente esclarecidos como ação de talebãs, especificamente daqueles liderados por Osama Bin Laden.

No dia 7 de outubro, Inglaterra e Estados Unidos iniciaram ataques aéreos às cidades de Cabul, Herat e Kandahar. Com essas e outras ofensivas, o grupo islâmico rebelde chamado Aliança do Norte avançou até a capital e, no dia 9 de novembro, desalojou os mujahedins que a ocupavam, dando fim ao governo dos talebãs.

Em dezembro foi assinado na Europa o *Acordo de Bonn*, estabelecendo os termos para o governo afegão através da Força Internacional de Assistência para a Segurança. No dia 21 instalou-se o governo provisório resultante do acordo.

A derrubada dos talebãs, porém, não trouxe a paz. Os combates continuaram tanto no Afeganistão quanto nas áreas fronteiriças do Paquistão. Amid Karzai despontou como líder, ocupando a presidência da República. No dia 9 de outubro de 2004 realizaram-se eleições presidenciais diretas, que foram ganhas por Amir Karzai. No dia 7 de dezembro ele tomou posse oficialmente.

Iraque. Por que Saddam Hussein tornou-se homem religioso?

Com a continuidade da guerra afegã, o Presidente George W. Bush, o Pentágono e outras grandes autoridades dos Estados Unidos perceberam, logo após a derrubada dos talebãs, que a "Guerra ao Terror" não lograria êxito se as ações ficassem restritas ao Afeganistão.

O Iraque, governado pelo ditador Saddam Hussein desde 1979, era visto como um segundo foco de geração de jihadistas. Além disso, havia precedentes de atritos entre o governo do Iraque e o dos Estados Unidos. Não obstante o apoio dado pelos Estados Unidos na guerra Irã-Iraque, no início da década de 1980, um halo de desconfiança surgiu, ante as denúncias de que Saddam Hussein usou armas químicas para promover um genocídio entre os iraquianos curdos, cristãos em sua maioria.

A gota d'água para o início das hostilidades frente a Saddam Hussein veio no dia 2 de agosto de 1990, quando o Iraque invadiu o Kowait, monarquia constitucional aliada aos ingleses situada no extremo sul iraquiano. Saddam havia acusado o pequeno Kowait de sugar os poços de petróleo do Iraque, compartilhando os mesmos veios, e sabotar a OPEP (Organização dos Países Exportadores de Petróleo) vendendo petróleo mais barato que os países vizinhos.

O Presidente George Herbert Bush, que governava os Estados Unidos no início da década de 1990, formou uma coalizão com ingleses, franceses e outros aliados e declarou guerra ao Iraque, no início de 1991, para obrigar Saddam Hussein a retirar suas tropas do Kowait. Essa guerra, liderada pelos três aliados da I Grande Guerra e da II Grande Guerra, teria sido a III Guerra Mundial se outros países tivessem formado fileira junto ao Iraque. Esse fato não ocorreu, e em pouco tempo Saddam Hussein saiu do Kowait, não sem antes causar grande prejuízo ao país vizinho, incendiando os principais poços de petróleo da região.

Sem nenhuma ligação com as grandes religiões do Iraque, sunita, xiita e cristã, embora proviesse de família sunita, Saddam Hussein sempre fora agnóstico. Sob fogo cerrado dos aliados, mudou o comportamento. Passou a declarar-se fiel islâmico e a apelar por unidade dos povos muçulmanos, contra os cristãos da Europa e da América.

O desejo de manter-se no poder de forma vitalícia operou o "milagre" de transformar um homem antirreligioso num fervoroso seguidor do Alcorão.

A retirada das tropas iraquianas do Kowait não foi suficiente para fazer Saddam Hussein confiável aos olhos dos líderes das grandes potências. O Conselho de Segurança da ONU impôs várias sanções ao país, incluindo bloqueio aéreo, e enviou equipes de fiscais para tentar localizar depósitos de armas químicas. Há, porém, um detalhe importante nesse trabalho de fiscalização: ele começou apenas após um período de cerca de dois anos após os ataques dos aliados. Isso representou tempo suficiente para a transferência dos arsenais em lugares seguros, por exemplo, em algum grande compartimento subterrâneo.

Os agentes da ONU não conseguiram localizar armas químicas, mesmo com a certeza de que esse tipo proibido de munição bélica foi usado contra as populações curdas.

No dia 20 de março de 2013 iniciou-se a Invasão do Iraque, com tropas terrestres, navais e aéreas. Sob a liderança do presidente dos Estados Unidos, George Walker Bush, filho de George Herbert Bush, formou-se uma coalizão de países que contou com Grã-Bretanha, Espanha, Austrália, Polônia, Portugal e outros. A França, que participou dos bombardeios em 1991, decidiu desta vez ficar fora da aliança.

As Três Causas da Guerra

Os objetivos, segundo George Walker Bush, eram, primeiro, localizar os arsenais de armas de destruição em massa, uma vez que Saddam Hussein "não colaborou com os fiscais da ONU", e, segundo, localizar possíveis terroristas. O subproduto seria, obviamente, a derrubada de Saddam Hussein, que não era um alvo explícito, uma vez que consta da doutrina do Pentágono que os Estados Unidos não podem atacar diretamente nenhum chefe de Estado estrangeiro.

Com a invasão e a consequente fuga de Saddam Hussein, pelos túneis de defesa pacientemente construídos anos antes em Bagdá, capital iraquiana, os Estados Unidos tomaram nas mãos a administração do país, até abril de 2005, quando foi eleito e empossado o Presidente Jalal Talabani. Sob a administração americana, seguiram-se numerosos atentados de homens-bomba e carros-bomba. Um deles, em 19 de agosto de 2003, atingiu o prédio da representação diplomática da ONU, dirigida por Sergio Vieira de Mello, que foi morto junto com muitos funcionários.

No dia 13 de dezembro do mesmo ano de 2003, Saddam Hussein foi localizado, dentro de um túnel, no norte do país, por homens do exército regional do Curdistão e do exército dos Estados Unidos.

Em novembro de 2006, o ex-ditador foi julgado e condenado à morte, junto com mais dois colaboradores. O então Presidente Jalal Talabani, que era católico e não aceitou assinar a sentença de morte exarada pelo Tribunal Penal Iraquiano. Licenciou-se do cargo por algumas semanas, e então seu substituto legal firmou o documento. O ex-ditador, pouco antes de ser levado à forca, proferiu xingamentos contra os juízes e contra os interventores, que frustraram seu mandato vitalício.

Quanto às armas de destruição em massa, que não foram encontradas na época da invasão, e tinham sido um dos dois motivos da intervenção, segundo o jornal New York Times elas não existiam mesmo e presidente dos EUA mentira quando afirmou que as encontraria. Depois do término do mandato de George W. Bush, no meio da gestão Barack Obama, investigadores encontraram as tais armas no Iraque. O New York Times publicou a notícia de modo quase imperceptível. A maioria dos cidadãos dos EUA e do mundo continuou pensando que essas armas jamais foram encontradas.

Neo-califado. Que forças jovens aderiram inicialmente ao Estado Islâmico?

O comerciante Muhammed, ou Maomé, fundador da religião muçulmana, foi, na mais legítima tradição teocrática, um misto de sacerdote, general e político. No islamismo, ele é reconhecido como o último profeta, que tem como predecessores Abraão, Moisés e Jesus. Obviamente, para fazer crível a presença de um novo profeta em área mais católica que judia, como era o Oriente Médio da Península Arábica e da Mesopotâmia no século VII, foi necessário alterar o papel e a história de Jesus de Nazaré. Para o islamismo, Jesus não ressuscitou, pois Alá enganou as autoridades do Sinédrio, fazendo com que Judas Iscariotes carregasse a cruz em certa altura da Via Sacra e guiando Jesus para fugir atravessando a multidão. Judas foi crucificado e morto no lugar de Jesus de Nazaré.

Quando Muhammed morreu, em Medina, em julho de 632, seguiu-se uma fase de rebeliões em seu império, por disputas de poder. Ainda no mesmo ano o líder Abu Bakr conseguiu debelar os focos de resistência e estabeleu-se como califa. Um califa é o chefe supremo de um país que adote o islamismo como religião de Estado. Esse estado passa a ser entendido como um califado.

Depois de Abu Bakr, o primeiro califa, seguiram-se mais três califas em Medina. Esses quatro formam o período do Califado Ortodoxo, em que os chefes foram eleitos pela comunidade muçulmana.

No ano 661, estabeleceu-se o Califado Omíada, com sede em Damasco, já com a orientação sunita, que só reconhece califas hereditários, da linhagem de Muhammed.

No ano 756 a sede do califado passou de Damasco para Kufa, e seis anos depois instalou-se na nova cidade de Bagdá, funcionando aí até 1258. Foi a fase do Califado Abássida. Mais de um século depois, já com o reinado do quinto califa Abássida, Harum al-Rachid (Aarão, o Justo), e com a cidade de Bagdá já consolidada como capital, iniciou-se aquela que se conhece como "Era de Ouro" do islamismo. Al-Rachid fundou em sua cidade a Casa da Sabedoria, como uma instituição sucessora da Academia de Atenas e do Museu de Alexandria. Foi ali que al-Khwarizmi desenvolveu a Álgebra, por exemplo. De 711 a 1249, o Islã dominou a Península Ibérica, criando alí a Província de Andaluzia. Em 1258, já sem as províncias ocidentais da Península Ibérica e do Maghreb (norte da África), e também pela ascensão do exército turco, dos chamados mamelucos, Bagdá caiu sob a invasão do exército de Hulagu Khan, sobrinho de Gêngis Khan.

Ainda em 1258, o Califado Abássida instalou-se no Cairo, funcionando aí até o século XVI.

Em 1517 iniciou-se o Califado Otomano, na cidade de Constantinopla, renomeada como Istambul. Com a derrota na I Guerra Mundial, dissolveu-se o Império Otomano e a Constituição de 1924 aboliu o cargo de califa. O último califa, no entanto, Abdul Mejid II, foi investido no posto em 1926, por religiosos islâmicos. Faleceu em Paris em 1944. Foi o 101º califa de toda a história.

No ano de 2014, 70 anos após a morte do último califa, um grupo fanático surgiu no Iraque, como resultado da política da intervenção dos aliados, estabelecendo na cidade de Mossul a sede de um pretenso califado.

As Três Causas da Guerra

Era o chamado Estado Islâmico do Iraque e do Levante, um Estado clandestino que dominou vasta área do leste da Síria e do norte do Iraque. Seu líder, Ibrahim Awwad Ibrahim Ali al-Badri al-Samarrai, adotou o pseudônimo de Abu Bakr al-Baghdadi, para homenagear o primeiro califa.

Esse Ibrahim al-Samarrai não é um evadido escolar. Muito pelo contrário, cursou mestrado e doutorado. Não em Letras Clássicas ou Engenharia. Seus diplomas são em Teologia Islâmica. Nada de leitura de Dostoiévski, de textos budistas, de Tomás de Aquino ou de Espinosa. Se alguém estudou profundamente um dado assunto e faltou o contraditório nessa trajetória, então faltou o elemento mais importante: o pensamento.

A participação dos interventores na formação de seu grupo deu-se, certamente, de modo indireto. Paul Bremer, o administrador civil que os Estados Unidos nomearam para dirigir o Iraque em nome da coalizão que derrubou o regime de Saddam Hussein, instituiu uma ajuda de custos no valor de dez dólares diários aos jovens colaboradores iraquianos espalhados pelo país. Para aquelas condições de vida, era um bom salário.

Quando foi eleito o Presidente Jalal Talabani e a coalizão foi transferindo pouco a pouco a tomada de decisões às autoridades locais, aquela ajuda de custos foi cortada. O novo governo do país não pôs nada no lugar e aqueles jovens começaram a passar por grandes dificuldades financeiras. Alguns cheiques magnatas do petróleo passaram a financiar grupos de oposição. Um desses grupos, o que mais cresceu, foi exatamente o de Ibrahim al-Samarrai.

Sentindo-se abandonados pelo novo governo, aqueles jovens que colaboraram com a ocupação, e eram remunerados por isso, aderiram, em grande parte, aos apelos do grupo Estado Islâmico.

Servidão. Que fração do povo curdo era escravizada pelo Estado Islâmico?

Escravização de mulheres jovens para servir como objeto sexual dos militantes passaram a ser uma prática comum entre os fanáticos do grupo. Capturavam principalmente adolescentes curdas da religião yazidi, sob o argumento de que os yazidis são seguidores de Satã e têm de ser desviados de seu credo., sendo a escravidão justificada enquanto a conversão não acontece.

Segundo a teologia yazidi, o Criador primeiro produziu sete anjos, ou "sete mistérios", como emanações de seu próprio espírito, e deu-lhes ordens de obedecê-Lo sempre. Quando Adão foi criado, feito de poeira, o Criador ordenou aos sete anjos que prestassem reverência a ele. Seis anjos obedeceram, mas não *Melek Taus* (Anjo Pavão), dizendo não fazer sentido curvar-se a Adão, feito de poeira, enquanto ele, anjo, era parte do próprio espírito da divindade. Como reconhecimento por sua bravura e inteligência, o Criador nomeou-o chefe dos outros anjos e governante do universo. Como tudo o que ocorre de bem ou de mal no mundo depende dele, ele foi punido por erros que ocorreram na Terra. Lançado no poço de fogo, arrependeu-se, e suas lágrimas apagaram o fogo. Voltou então a seu posto de comando.

Pela teologia islâmica, o anjo caído, *Shaitan* (Satã), também recusou-se a render reverências a Adão, mas isso foi interpretado como demonstração de arrogância e orgulho, pesando na condenação, que nunca foi revertida. Por causa dessa coincidência sobre a reverência a Adão, os islâmicos entendem que os yazidis veneram Satã, identificando o Anjo Pavão com o diabo. Em relação ao catolicismo, religião majoritária entre os curdos, os yazidis apresentam também um ponto de conflito, pois acreditam na reencarnação, assim como fizeram os cristãos gnósticos do século I e os cátaros do século XIII. Os católicos, porém, não os identificam com adoradores do diabo.

Assim como Hitler serviu-se do rádio para propagar seu fanatismo, Ibrahim al-Samarrai fez uso intensivo da internet. Através desse veículo ele atraía jovens fiéis do islamismo, de tradição familiar ou recém-convertidos, não só do Iraque e da Síria, mas também da Europa, da América e de outras partes do mundo. Os muitos vídeos divulgados na rede mundial mostrando decapitações de "infiéis", longe de assustar o jovem adepto da causa, serviam para engajá-lo ainda mais. Entre os casos de decapitações espalhadas através de gravações em vídeo estavam a de um repórter que veio do Japão para fazer matérias jornalísticas sobre a atuação do grupo e a de uma fileira de católicos coptas que estavam em missão na Líbia.

Não apenas pessoas que iam ao território que Ibrahim al-Samarrai estava dominando corriam risco de morrer. Atentados perpetrados em vários pontos do mundo eram atribuídos ao grupo fanático. Um dos mais chocantes foi o que matou a tiros os 12 jornalistas da revista satírica Charlie Hebdo, em Paris, no dia 7 de janeiro de 2015. Várias outras ações, de lobos solitários ou de pequenos grupos fanatizados, ocorreram na própria França, na Espanha, na Suíça, na Indonésia, na Rússia e em muitos outros países.

Cientes de que o Iraque e a Síria não tinham como derrotar sozinhos o grupo, os Estados Unidos convocaram uma reunião com representantes de outros sete países (Alemanha, Austrália, Canadá, França, Itália, Reino Unido e Turquia) para formar uma coalizão de combate ao grupo Estado Islâmico. Os ministros convocados levaram a proposta a seus governos e a proposta foi aceita. Já em 2014, os fanáticos começaram a sofrer pesados bombardeios. Mais à frente outras três dezenas de países aderiram à ofensiva. O primeiro-ministro do Iraque, Professor Haider al-Abadi, conseguiu retomar Mossul em julho de 2017. Desde então, a sorte do grupo Estado Islâmico revelou-se aziaga. Dessa época até o início de 2019, todos os territórios foram resgatados para os governos do Iraque e da Síria, mesmo estando o governo vitalício da Síria enfrentando guerra civil com diversas outras milícias espalhadas pelo país, desde 2011.

Ibrahim al-Samarrai, o autoproclamado califa do Estado Islâmico, que a Coalizão julgava ter morrido sob algum bombardeio entre os milhares despejados sobre as bases dos fanáticos, ressurgiu em vídeo no meio do primeiro semestre de 2019, reivindicando participação, como comandante remoto, nos atentados desferidos contra o Sri Lanka, poucas semanas antes. No dia 29 de outubro de 2019, porém, o Presidente Donald Trump anunciou que, localizado e surpreendido por militares dos Estados Unidos, al-Samarrai, ou al-Baghdadi, fugiu por um túnel, acompanhado por seus três filhos menores. Quando viu que o túnel não tinha saída, acionou bombas que levava no corpo, morrendo junto com as três crianças.

Mesmo sem território sob seu domínio, e, finalmente, sem a presença do chefe fundador, analistas têm notado que o bando continua com forte poder de fogo. Só o tempo dirá se a morte do líder fundador esvaziará o grupo ou não.

Grupos

Além do Vontade Popular, do Irgun, dos Talebãs, da Al-Qaeda e do grupo Estado Islâmico, muitas outras organizações extremistas ficaram famosas por praticar atos terroristas.

Klan. O grupo Ku Klux Klan foi formado nos Estados Unidos em dezembro de 1865, por indivíduos escravagistas revoltados pela derrota na Guerra Civil. Seguiu matando pessoas negras até as primeiras décadas do século XX.

FARCs. As Forças Armadas Revolucionárias da Colômbia formam um grupo que surgiu em 1964 e atuou nas selvas por 54 anos, pretendendo implantar a ditadura do proletariado na Colômbia, até ser transformado em partido político, por acordo de paz, em 2017.

Sendero. O Partido Comunista do Peru Sendero Luminoso (PCP-SL) iniciou ações terroristas em 1980 com o objetivo de implantar uma ditadura proletária camponesa, inspirada em Mao Zedong. Em 1992 seu líder máximo, Abimael Guzmán Reynoso foi preso, o que enfraqueceu o grupo.

ETA. O Euskadi Ta Askatasuna (ETA – Pátria Basca e Liberdade) foi um exército clandestino que lutava pela independência da região basca, no norte da Espanha, tendo cometido numerosos atentados ao longo de sua existência. Esse e outros grupos que pretendiam tornar suas províncias países independentes na Europa perderam o sentido de existência com o Tratado de Lisboa, que em dezembro de 2007 determinou a criação da presidência da União Europeia;

Jihad. A Jihad Islâmica Egípcia iniciou suas atividades na década e 1970. Esteve por trás do assassinato do Presidente Anwar al-Sadat, em 1981.Atualmente é um braço da al-Qaeda.

Boko-Haram. O grupo fanático Boko Haram ("Educação Não Islâmica é um Pecado") atua na Nigéria desde 2002, praticando atentados e sequestrando meninas adolescentes para doutriná-las segundo seus princípios.

Al-Shabbaab. O Harakat a-Shabbaab al-Mujahedin, ou apenas al-Shabbaab ("Os Jovens", em árabe), é uma organização fanática baseada na Somália e ligada à al-Qaeda. Chegou a impedir por dez anos a instalação de qualquer governo no país. Soldados da Forças de Paz da ONU eram assassinados sistematicamente, identificados por suas características étnicas. Finalmente, o Exército da União Africana, cujos soldados podiam ser confundidos com gente da própria Somália, desbaratou os grupos de bandoleiros que sufocavam e vandalizavam órgãos administrativos, universidades, hospitais e outras instituições. No ano 2000, finalmente, o país conseguiu formar o Governo Federal de Transição.

Várias outras dezenas de grupos fanatizados, por credos religiosos – através dos representantes dos profetas -, ou por credos seculares – através dos "messias" ateus proclamados "guias geniais" -, estão ainda espalhados pelo mundo, cometendo ações violentas até que advenham medidas que tornem obsoleta sua existência, como a União Europeia fez com o ETA, o IRA (*Irish Republican Arm* – Exército Republicano Irlandês) e outros.

(☞) Se alguém decidir negociar politicamente, ou diplomaticamente, com um fanático, deve preparar-se para perder. Para o fanático, a possibilidade de negociação envolvendo ideias é completamente vedada. O recurso de apresentar uma segunda opção, um plano B, é pura perda de tempo. Para o fanático, tudo se processa com base no "tudo ou nada", no "preto no branco", no "sem concessão". Mas, se há ganho ou perda para ele, isso não se dá mediante negociação, porque em sua visão monolítica o caminho e o destino já estão determinados,sem nenhuma chance de alteração.

A terceira perna que compõe o tripé da tragédia é a instalação de capital nova, desde que nela seja abrigado o chefe de Estado.

Capitalnovismo

Alguns países construíram cidades para funcionar como capitais administrativas, instalando aí o primeiro-ministro e seus auxiliares. Se o chefe de Estado foi mantido na capital tradicional, cidade com status histórico secular de capital, então pouco ou nenhum transtorno foi observado nos campos econômico e cultural.

Problemas gravíssimos ocorreram quando algum líder voluntarioso decidiu instalar a residência do chefe de Estado numa cidade sem esse status histórico, seja ela uma aglomeração recém-construída, seja ela um burgo já existente há décadas ou há séculos.

Alguns livros já publicados deste autor, como *The Brussels Crisis*, tratam do tema, mas não custa explaná-lo mais uma vez.

Observações históricas mostram que o tempo necessário para consolidar uma nova capital que abrigue o chefe de Estado está entre 120 e 130 anos. Nesse mesmo período, uma cidade que antes possuía o status histórico, perde-o, se alijada da presença do comandante em chefe.

Os livros de História e Geografia anteriores ao século XXI tratam as capitais dos países como um fenômeno administrativo neutro, porque a Psicologia Social não fazia parte da estrutura teórica desses trabalhos - o termo "capitalnovismo" não teria feito sentido aí. Sendo assim, convém estudá-los para saber onde residia o rei francês Luís XVI nos anos que antecederam a Revolução Francesa, mas não para saber que a cidade de Versalhes, abrigando o monarca, pudesse ser causa de alguma turbulência social. Na realidade, as correlações estão lá, registradas, mas não as relações de causa e efeito. Se algum autor antigo estabeleceu esse elo, estava então colocando a carroça adiante dos bois.

Novo. Líder que abandona capital consolidada é Homem Novo?

O capitalnovismo (letra **C**) não é um desvio psíquico que acometa um chefe de Estado bem formado nos bastidores da política vigente. Capitalnovismo é coisa de gente do tipo que na Roma Antiga chamava-se "homem novo". Certamente o comandante em chefe, se for fraco de personalidade, pode ser levado a adotar a decisão, convencido por algum auxiliar que seja vítima da doença. Pode ter sido este o caso de Luís XIV, que construiu o Palácio de Versalhes como uma casa de veraneio, mas terminou por estabelecer lá a corte e o governo, em 1682.

Uma hipótese plausível é de que Luís XIV tenha cedido a apelos de seu secretário de Estado (primeiro-ministro), Jean-Baptiste Colbert. Este havia sido secretário particular do Cardeal Mazarino, seu antecessor na chefia de governo. Dotado de uma competência ímpar, quando o cardeal estava para morrer, recomendou-o ao rei, pedindo que aproveitasse seus préstimos. Ele criou a Academia de Ciências (1666), o Observatório de Paris (1667) e a Academia real de Arquitetura (1671). Como governante, saneou as finanças do Estado. Não viveu para ver a derrocada de sua obra nas décadas posteriores, pois faleceu em 1683, ano seguinte à instalação da corte em Versalhes. Vindo do interior, região de Champagne, espalhou-se que sua família descendia de nobres escoceses, mas ninguém conseguiu nenhuma comprovação para essa informação. Um indício forte de que Colbert era um "homem novo" foi o nepotismo praticado por ele, que empregou no setor público numerosos familiares. Napoleão mais adiante fez coisa parecida, empossando seus parentes próximos como imperadores de países vizinhos, mas não foi louco de retirar a administração francesa de Paris e devolver a Versalhes, de onde Luís XVI foi arrancado pela Marcha das Mulheres, em 6 de outubro de 1789.

O mesmo fenômeno da ação do auxiliar pode ter ocorrido na Antiguidade quando Alexandre Magno decidiu construir Alexandria, a nova capital de seu reino no litoral do Egito. Filho de Felipe II da Macedônia e educado por Aristóteles e Menaecmo, é quase certo que se convenceu da conveniência de criar a capital a partir de ideias de algum de seus três generais de confiança. Plutarco, seu biógrafo, diz que a ideia surgiu num sonho, em que um ancião recitava um verso de Homero que fala da Ilha de Faros, no litoral do Egito. Que este sonho viesse a transformar-se em capital, isso deve ter recebido o dedo de um de seus estrategistas. Outra hipótese é que Alexandre pode não ter sido filho natural de Felipe, que passou a rejeitar a esposa Olímpia de Épiro alegando tê-la visto dormindo com uma serpente. O fato é que Olímpia voltou para a cidade natal, Dodona, mas o tio dela, Arribas, vendo que ela estava grávida, convenceu-a a voltar para Felipe.

Constantino, que ascendeu ao trono por sua habilidade como general, não precisou de auxiliar que o induzisse a mudar a capital. Como "homem novo", abandonou Roma e instalou a sede do reino em Bizâncio, chamando-a de Constantinopla, a Roma do Oriente, hoje cidade turca, denominada Istambul.

O tripé da tragédia histórica, gerador etológico das guerras entre os povos, está completo, agindo às vezes com suas três pernas, mas também com duas ou apenas uma. São três decisões, três modos de vida e três desgraças, nascidas da fraqueza humana, seja por artes da mera ignorância, seja por megalomania. Essas pernas são: 1) Vitaliciedade (**V**); 2) Teocracia (**T**); 3) Capitalnovismo (**C**).

Custos

O leitor pode estar pensando em novas capitais que deram certo. Estará enganado, no entanto, se imaginar que elas se consolidaram sem o custo de elevada quantidade de sangue.

Pensemos em três casos notáveis: Madri, Washington-DC e Tóquio.

Madri. Houve Revolução dos Preços na Espanha antes de Madri?
Em 1556 Felipe II tornou-se rei de Espanha, Sicília e Sardenha, vindo

a ser também, na fase da união das coroas ibéricas, rei de Portugal e Algarves, o que acrescentava o Brasil a todo o restante da América Latina, que já era hispânica. Era também rei da Holanda. No quinto ano de seu reinado, 1561, decidiu instalar a capital numa cidade central, da meseta espanhola, tendo escolhido Madri.

Em 1568, Jean Bodin teorizou, de forma pioneira, sobre a Revolução dos Preços, processo que vinha ocorrendo já há algumas décadas, mas atingiu níveis atordoantes sob Felipe II. Pela hipótese de Jean Bodin, os preços sofriam impulsos ascendentes por causa da entrada dos metais preciosos trazidos da América Latina para a Europa, principalmente a prata das minas de Potosi, na atual Bolívia. Ele não tinha explicação melhor no século XVI. O fato é que o desastre mais garantido da instalação da chefia de Estado em capital sem status histórico secular é a pressão patológica por aumento de preços, naquilo que o século XX caracterizou como impulso inflacionário. Como consequência desse desarranjo econômico, a Espanha perdeu o domínio sobre a Holanda, que obteve a independência, e também viu a Invencível Armada ser afundada no Canal da Mancha, derrotada pelos ingleses.

Antes mesmo de a Revolução Industrial elevar aos píncaros da glória o poder dos britânicos, eles já vinham dominando os mares, tomando o lugar dos ibéricos, que no século XVI haviam conquistado os quatro cantos do mundo. A atitude de Felipe II, transferindo a residência real de Granada para Madri, promoveu, sem que os britânicos até hoje reconheçam a causa, a mudança, da Europa Românica para o mundo anglo-saxão, do poder hegemônico sobre toda a Terra. Portugal havia dominado quase toda a América do Sul, várias regiões da África, grande parte da Índia, partes da China e de ilhas da Indonésia, além de ter explorado toda a Austrália, sem possuir contingentes para colonizá-la. A Espanha dominou o sul e o oeste da América do Sul, toda a América Central, o México e a quase totalidade do território atual dos Estados Unidos, além das Filipinas e de regiões da África. O mundo era ibérico, até a derrota da Invencível Armada, em 1588. Madri consolidou-se como capital, mas perdeu a proeminência mundial.

Washington-DC. Como os Estados Unidos protegeram sua moeda?

No ano de 1800 os líderes dos Estados Unidos, separados da coroa britânica desde 1776, abandonaram a capital Filadélfia e instalaram a residência presidencial na nova capital Washington-DC (DC: *District of Columbia*). Na Guerra Anglo-Americana, de 1812, os ingleses incendiaram e destruíram a capital, mas ela foi reconstruída depois com mais cuidado arquitetônico e maior empenho.

Como o desastre econômico francês que levou à Revolução estava muito vivo na memória dos diversos países, os norte-americanos trataram de proteger sua moeda, o que foi feito com a instituição do padrão-ouro, por Alexander Hamilton, em 1789, em seu primeiro ano como secretário do tesouro, novo cargo criado pelo Presidente George Washington. O padrão-ouro não era ideia muito nova, tendo sido lançada teoricamente por David Hume, em Londres, no ano de 1752, mas naquele ano da Revolução Francesa ele era uma evidente necessidade prática. Com ele evita-se, obviamente, a inflação, mas não os demais problemas emanados pela capital nova, como a própria carestia.

Todo o desarranjo procede da prática social do desprezo aos símbolos estabelecidos. Sem a proteção sobre a moeda, ela será a primeira instituição a sofrer a febre, uma febre automaticamente quantificada, e que deixa a economia combalida. Sob uma proteção eficiente, como foi o padrão ouro, a febre resulta controlada, mas não os demais rompimentos de tecidos que geram aquele sintoma. A Guerra Anglo-Americana foi apenas uma das muitas erupções bélicas no território dos Estados Unidos no século XIX, e a tentativa britânica de retomar a colônia foi certamente incentivada pelos problemas que a coroa enxergava na administração da ex-colônia. Guerras com o México, que transformaram esse imenso país num país de pequeno território, representaram um ganho, no fim das contas, porque o ânimo bélico era maior nos norte-americanos, mas elas provavelmente não teriam ocorrido sem a destrutividade produzida pela nova capital.

Também eclodiram muitas guerras com os indígenas, em quantidade e frequência muito maiores que as verificadas nas outras áreas do Novo Mundo, principalmente em comparação com o Canadá, onde essas guerras não existiram. Tudo isso veio acontecendo até que o maior conflito das Américas fez-se presente com todo o seu ímpeto arrasador, que foi a Guerra Civil Americana, ou Guerra de Secessão, de 1861 a 1865.

Antes do século XXI identificavam-se as motivações das guerras, não as causas, de modo que esse imenso conflito, a Guerra Civil Americana, foi explicada como tendo sido motivada pela diferença de concepção econômica entre um grupo de Estados do sul, pobre e agrário, e a parte majoritária do território, formada pelo norte, mais rico e industrializado. Os governadores do sul, dos chamados Estados Confederados, não aceitavam a abolição da escravidão, conforme demanda crescente do norte.

Como agora sabemos, a causa está no tripé da tragédia histórica, com o uso de pelo menos uma das três pernas. Os Estados Unidos estavam livres da teocracia e vinham encaminhando-se para livrar-se também da vitaliciedade governamental, de modo que a causa básica da Guerra Civil Americana foi o Efeito Ravena, ou capitalnovismo, patologia social provocada pela instalação da residência do chefe de Estado em cidade sem status histórico secular de capital.

Os Confederados, do sul, que representavam o lado rebelde na nova

As Três Causas da Guerra

nacionalidade, rejeitaram a capital Washington-DC, instalando seu quartel-general, seu governo provisório, na cidade de Richmond, Virgínia. O conflito foi, portanto, uma guerra entre a recente capital dos Estados Unidos, muito longe ainda de ser consolidada, e a tentativa de ruptura com a instalação de outra nova capital, por parte dos adversários do fim do regime escravagista.

Finalmente, depois de mais de 800 mil mortos dos dois lados, as forças do General Ulysses S. Grant tomaram Richmond, no dia 1º de abril de 1865, com uma tropa formada quase exclusivamente por soldados negros. Era o XXV Corpo da União. No dia 3, o General Robert E. Lee levou seu exército confederado para o lado oeste, mas sofreu nova derrota em *Sayler's Creek*, percebendo aí que não tinha mais chances No dia 9 assinou o ato de rendição na *Appomattox Court House*, sul da Virgínia.

As duas consequências negativas mais notáveis da guerra foram o assassinato do Presidente Abraham Lincoln, no dia 15 de abril, e a formação da Ku Klux Klan, que durante décadas promoveu assassinatos de pessoas negras, como vingança pela vitória dos abolicionistas em 1865.

O Presidente Lincoln havia prometido que após a eventual vitória da União, faria valer de imediato o ato de abolição da escravatura assinado em 1863, o que veio a ocorrer de fato. O assassinato dele é tido como a primeira grande vingança dos derrotados.

O lado positivo do pós-guerra foi a política tomada como ponto de honra no governo da União de desenvolver os Estados do sul e usar de todos os recursos para que as unidades federativas dos Estados Unidos deixassem de apresentar diferenças econômicas e sociais significativas entre umas e outras.

Poucos anos antes da Crise de Secessão, outra guerra de grandes proporções ocorreu na América do Norte, que foi a Guerra México – Estados Unidos, ou Guerra Mexicano-Americana, de 1846 a 1848. Este conflito, também provocado pelo capitalnovismo, resultou na incorporação, pelo Estados Unidos, de grande extensão das terras do oeste, antes pertencentes ao México. Este perdeu 50% de seu território.

Quanto à consolidação da capital, tal fato ocorreu apenas depois da Grande Depressão, de 1929.

Tóquio. A nova capital Tóquio provocou a diáspora japonesa?

O Imperador Mutsuhito, cujo nome póstumo é Meiji Tennô e por isso é chamado no Japão de Imperador Meiji, sendo também o iniciador da atual dinastia Meiji, ascendeu ao poder em 1867, com 14 anos de idade. Em acordo com samurais e daimiôs, pôs fim, como resultado da Guerra Boshin, à era do shogunato Tokugawa, que fracionava o país em mais de 250 regiões autônomas..Em 1869 transferiu a capital de Quioto para Tóquio, dando início a uma série de grandes transformações, como a instalação do Senado (1875) e da Assembleia Nacional (1890). Entendendo-se essa modernização políca como parte de uma inserção do Japão nas práticas do mundo moderno, a medida positiva mais importante e exemplar tomada por ele foi a reforma da educação, em 1872, com o objetivo, previsto e alcançado, de fornecer ensino público gratuito no nível básico a todas as crianças japonesas. Seu apreço pela leitura e pela escrita é comprovado em sua produção poética, já que foi autor de mais de 10.000 tankas, sempre usando métrica perfeita.

Assim como os Estados Unidos sob o Efeito Ravena provocado por Washington-DC incorporaram grandes territórios antes pertencentes a seu vizinho México, o Japão encetou pesadas guerras com seus vizinhos, tendo como um de seus feitos no campo externo a anexação da Coreia, em 1910. Mutsuhíto morreu em 1912 e seu neto Hiroíto foi quem viu o Japão perder essa colônia, como resultado da II Guerra Mundial.

Um dos aspectos notáveis do Efeito Ravena no Japão, a partir da adoção da capital Tóquio, foi a diáspora. Não se compara em termos de proporção à diáspora judaica do século VI a.C., mas é difícil imaginar um país no mundo hoje sem a presença de famílias japonesas ou de seus descendentes.

Entre as várias guerras em que o Japão se envolveu durante o período de consolidação da capital nova (lembremos que isso demanda de 120 a 130 anos) podemos listar: (a) I Guerra Sino-Japonesa (1894-1895), com vitória do Japão, que incorporou a ilha de Taiwan; (b) Guerra Russo-Japonesa (1904-1905), com vitória do Japão; (c) I Guerra Mundial (1917-1918), com vitória do Japão, junto aos aliados; (d) Guerra Civil Russa (1918-1920), com derrota junto ao exército branco frente às tropas do Exército Vermelho; (e) II Guerra Sino-Japonesa (1937-1945), com derrota do Japão; (f) II Guerra Mundial, com derrota do Japão, junto a seus aliados Alemanha, Itália, Hungria, Bulgária e outros; (g) Guerra Soviético-Japonesa (1945), com derrota do Japão.

O Brasil recebeu em 1908, no porto de Santos, o primeiro navio de imigrantes japoneses para o país, o Kasato Maru, com 781 passageiros. Foi o início de uma série de transferência de famílias, não só para o Brasil, como para outros países da América e de outros continentes. Muitas famílias dos Estados Unidos vieram para o Brasil como resultado do desfecho da Guerra de Secessão, grande parte delas tendo formado a cidade de Americana, em São Paulo, mas não há comparação com a dispersão dos japoneses pelo mundo nas primeiras décadas do século XX.

Com muita competência técnica, os responsáveis pela economia japonesa souberam controlar a alta de preços e o país esteve em situação confortável durante a Grande Depressão, com aumento do PIB e incremento da indústria bélica. Mas o Efeito Ravena não deixa ninguém escapar ileso. Na década de 1940, ante o envolvimento na II Guerra Mundial e seus conflitos com a China, o que os historiadores registram é que "a inflação estava desenfreada". Perto do final do século XX, porém, com a capital já consolidada, o país passou a apresentar índices baixíssimos de inflação, tendo inclusive alguns anos apresentado índice negativo.

Capítulo 5 - Infortúnios

As três capitais que acabamos de estudar, com uma breve passagem por sua história, lograram atingir a consolidação, depois de mais de um século de sofrimentos impostos a seus povos. Os aprendizados obtidos com essas vicissitudes constituem-se em tesouros para esses países. Algumas poucas outras capitais atravessaram o duro período de consolidação, mas a grande maioria das experiências de capitais novas resultou em estrondoso fracasso.

Vejamos aqui uma relação de infortúnios fortemente relacionados ao Efeito Ravena, isto é, à inslação de nova capital.

Tutancâmon. Uma nova capital deixa algo de positivo?

No ano 1329 a. C., o rei Tutancáton ("Imagem Viva de Áton"), aos 12 anos, três anos depois de ter sido investido como faraó, desistiu da nova capital, Áton, instalada anos antes por seu pai, Aquenáton (antes chamado Amenhotep IV, ou Amenófis IV), na região de Amarna, e devolveu a sede do império a Tebas. Também desistiu de ser Tutancáton, nome recebido em homenagem ao deus único Áton (o Sol), e adotou o nome de Tutancâmon, homenageando o deus Amon, do panteão politeísta tradicional. Ele saneou as finanças do Egito e restaurou relações com outros países, que estavam abaladas, devido aos tempos belicosos da nova capital. Porém, tendo como grão-vizir o General Horemebe, não pôde evitar duas guerras em seu curto reinado, uma contra a Núbia, no vale do Nilo, e outra contra povos do leste. Morreu aos 19 anos, muito provavelmente assassinado por causa de intrigas palacianas, conforme especulam os historiadores. Talvez sua morte tenha relação com o abandono da capital nova, dado que as fontes de desgraças sempre têm seus defensores fanáticos.

As novas capitais, malgrado o sofrimento de uma dúzia de décadas que impõem a seus cidadãos, ou a seus súditos, quando não abandonadas antes da consolidação, sempre deixam algo de duradouro, pois são construídas, ou escolhidas, com vistas à renovação dos métodos políticos ou dos costumes. O caso da cidade de Aquenáton está registrado na história por causa da grande inovação que trouxe ao mundo: um Estado monoteísta. Muitos entendem que o faraó tirou essa ideia da própria cabeça, mas há quem pesquise para comprovar outra hipótese, que é a da convivência com o patriarca José do Egito, com quem ele aprendeu sobre a unicidade do Criador. Se o fato é este, certamente a noção de uma divindade abstrata, puramente espir777itual, esteve longe de penetrar no entendimento de Aquenáton, mas a novidade do monoteísmo o encantou. Veio então a fase

As Três Causas da Guerra

de Áton, o Sol, como deus único.

Alexandre. Quando ocorreu a glória da cidade de Alexandria?

No ano 331 a. C., Alexandre Magno fundou Alexandria, no litoral do Egito, ao tomar o país de Dario III da Pérsia, e transformou aquela antiga vila de pescadores em capital de seu império. Foram 50 cidades fundadas por ele no Velho Mundo sendo batizadas com o nome de Alexandria, mas essa do litoral do Egito foi a principal.

No ano de 323 a. C. Alexandre morreu, com apenas 33 anos de idade e oito anos depois de ter fundado sua nova capital. O império então foi dividido entre seus três generais de confiança. Coube a Ptolomeu, logo chamado Ptolomeu I, a parte do território que continha Alexandria e ali o novo imperador construiu o *Museu*, que veio a ser o principal centro de pesquisas da época, e a famosa *Biblioteca de Alexandria*. Já o famoso *Farol* foi construído a mando de Ptolomeu II, no ano de 280 a. C., por Sóstrato de Cnido. Como é sabido, a glória da cidade, com suas instituições, veio de fato após sua consolidação como capital, no século seguinte.

As guerras eram uma constante na Antiguidade, tendo o próprio Alexandre falecido na Mesopotâmia, em campanha. Assim, é difícil hoje precisar quanto de desgraças para o mundo helênico no primeiro século de Alexandria ocorreu por obra do capitalnovismo.

Antipas. Que cidade Herodes Antipas mandou construir no norte de Israel?

Filho de Herodes I, Herodes Antipas foi criado em Roma, ao lado de seus irmãos Herodes Arquelau e Herodes Filipo. Com a morte de Herodes I, foi nomeado por César Augusto como tetrarca de Pereia e Galileia. Saindo de Jerusalém, estabeleceu-se em Séforis, mas no ano 20 construiu a cidade de Tiberíades, às margens do Lago de Genezaré, a que renomeou com o nome de Lago Tiberíades, em homenagem Tibério, o novo imperador romano.

Pode-se dizer que Herodes Antipas foi um homem desastrado. Para ter um segundo casamento, renegou sua esposa, que era filha do monarca do Reino Nabateu, que hoje é a Jordânia e cuja capital era Petra, também chamada Raqmu. Esse novo casamento foi com sua cunhada Herodíades, esposa de seu meio-irmão Herodes Filipo. O rei dos nabateus, Aretas IV, sentiu-se desonrado e decidiu atacar a tetrarquia de Herodes Antipas, mas Lúcio Vitélio, governador da Síria, interveio e evitou o fim de Antipas.

Sob suas ordens pereceu João Batista, o pregador do Rio Jordão, conforme registro do historiador Flávio Josefo.

Com a morte de Tibério no ano 37 e a ascensão de Calígula, que era protetor de Herodes Agripa, sobrinho de Antipas, Agripa ganhou do novo imperador a coroa da Judeia, região ao sul de Jerusalém. Antipas reclamou com Calígula, alegando que por direito a coroa da Judeia pertencia a ele, Antipas. Para defender-se Agripa acusou Antipas de estabelecer uma aliança secreta com o Reino de Pártia para combater Calígula. Este desterrou Herodes Antipas e a esposa Herodíades, m 39, mandando-os aos Pirineus, onde Antipas morreu naquele mesmo ano, e entregou a coroa que antes era de Antipas a Agripa, que se tornou Herodes Agripa I. Este reinou por cinco anos, sendo sucedido por procuradores romanos, por determinação do novo imperador, Cláudio. Foi empossado então o procurador Cúspio Fado, que foi sucedido no ano de 46 por Tibério Júlio Alexandre. Este governou Israel até o ano 70, quando Jerusalém foi destruída pelo exército romano e os judeus foram dispersados pelo mundo por dois milênios.

Muito provavelmente esses acontecimentos teriam sido evitados se Herodes Antipas tivesse reinado de seu palácio em Jerusalém, aceitando a presença do governador romano Pôncio Pilatos. Ele, porém, quis construir uma nova capital. No século XX, quando da restauração do Estado de Israel, foi entregue aos israelenses como capital a importante e moderna cidade de Tel-Aviv. Isso estaria bom, não fosse o fato de que Tel-Aviv não tinha status histórico secular de capital. A inflação passou a corroer o país. Jerusalém tinha sido declarada cidade internacional, administrada pela ONU. Envolvido em sucessivas guerras, o Estado de Israel tomou posse de Jerusalém na batalha de 1967, e resolveu seu problema inflacionário. Outros grandes problemas persistem, como é sabido.

Honório. Que fato histórico ocorreu em Roma no ano 402?

No ano 476 os bárbaros de Odoacro invadiram a cidade de Roma. Foram recebidos com alívio e até aplausos pelos moradores.

Roma vinha sofrendo, desde o ano 402, problemas de diversos matizes, muitos deles novos. Além da carestia desenfreada, muitas guerras internas e externas, com frequência inusitada, vinham atormentando os romanos e todos os moradores da Península Itálica.

As muitas províncias, como a Península Ibérica, a Síria, a Romênia, a Gália e a Inglaterra, sentiam-se abandonadas. A latinidade só não atingiu seu total ocaso por causa do papado, que representava um elo entre todos esses povos.

O que havia ocorrido no ano 402, enfim? O Imperador Honório, naquele ano, decidiu instalar a corte na pequena cidade de Ravena. Desse ano até o ano 476, Roma não pôde dormir em paz.

Quando os bárbaros dominaram Roma, automaticamente tomaram o império para si. Em Ravena reinava o Imperador Rômulo Augústulo, que, por falta completa de condição para reagir, neutralizou-se como agente do poder.

As Três Causas da Guerra

Como não se dava importância à localização das capitais na história dos países, fora da Itália dificilmente há registro dessa passagem de Ravena no caminho de Roma. Para a quase totalidade dos livros básicos de história, ocorreu a Queda de Roma, ou Queda do Império Romano, no ano 476, sem que se fizesse referência ao fato de que a cidade de Roma tinha sido abandonada antes.

Os estudantes não italianos em geral ignoravam o fato. Diante disso, este autor, durante uma palestra a alunos de graduação no centro de São Paulo, no ano de 1993, sobre o papel de Versalhes e Weimar no descontrole de preços, arriscou a afirmação, como um exercício de confirmação por movimento recíproco, de que Roma, quando caiu nas mãos dos bárbaros de Odoacro, não abrigava a residência do imperador.. Os alunos perguntaram em que cidade estava a chefia de Estado então. Este palestrante não soube responder, mas recomendou uma consulta a uma enciclopédia abrangente (não havia ainda mecanismos de busca em internet, sequer o Altavista, que só chegou ao mercado em 1995).

Assim que voltou para casa, o palestrante consultou uma enciclopédia e ficou sabendo sobre Ravena. Os nomes Efeito Versalhes (do Prof. Malcolm Hewitt Wiener) e Efeito Weimar (do Prof. Phillip David Kagan) já possuíam significados consagrados na academia, de modo que este autor vinha utilizando a expressão Efeito Versalhes-Weimar. Tomando conhecimento do caso mais antigo de Ravena, surgiu a ideia de utilizar Efeito Ravena. (*Efeito Versalhes*: as modas e os costumes de uma nova capital sofisticada influenciam os países vizinhos. *Efeito Weimar*: a superinflação ao longo de anos provoca o empobrecimento paulatino da classe média e das classes populares. *Efeito Ravena*: a instalação da residência do chefe de Estado em cidade sem status histórico secular de capital nacional provoca desprezo aos símbolos, atingindo principalmente a moeda e criando impulso inflacionário, ou impulso de carestia. O outro patrimônio nacional, também um símbolo, a sofrer deterioração, é a língua, com sucessivas quebras das regras gramaticais.)

Zhao. Em que ano foi inventado o papel-moeda?

O Imperador Zhao Gou não pode ser acusado de ter má intuição quando abandonou a velha capital chinesa Kaifeng e mudou-se para Hangzhou, em 1127. Assim como fez o Príncipe Dom João em 1808, zarpando de Lisboa para Salvador, no Novo Mundo, para fugir dos homens de Napoleão e salvar o reinado, da mesma forma Zhao Gou, derrotado em Kaifeng por Kublai Khan, neto de Gêngis Khan e último Khan do Império da Mongólia, estabeleceu-se às pressas nessa nova capital, Hangzhou, buscando dirigir o reinado da China do Sul.

Pouco mais de um século antes, circunstâncias imprevistas de comércio e indústria levaram à criação do papel-moeda na China.

Sabemos que antes de iniciar-se o segundo milênio de nossa era, o conceito de moeda estava baseado no entendimento do "vale quanto pesa". Para pequenos valores moedas podiam ser feitas de bronze, cobre ou outros metais. Valores medianos eram negociados em moedas de prata, enquanto que altas somas demandavam moedas de ouro.

No fim do primeiro milênio, a província de Szechuan registrou grande escassez dos metais usados para cunhagem de moedas. Alguém teve a ideia de produzir moedas de ferro. Foi uma má ideia que mais à frente exigiu criatividade para tirar o comércio de uma complicação. O ferro era abundante, e os pedaços usados como moeda eram muito pesados. A solução foi a criação das "casas de dinheiro", uma espécie de cartório que funcionava como um depósito, emitindo certificados impressos representando o valor em ferro que os súditos guardavam ali. Aos poucos o comércio passou a aceitar os certificados, como se eles fossem a própria moeda de ferro.

Estelionatários não tardaram a surgir, aproveitando-se da boa fé dos compatriotas e tentando empurrar certificados com valores que não tinham lastro. Ante as muitas reclamações, o governo decretou o fechamento das "casas de dinheiro", no ano de 1023.

No entanto, a ideia de carregar um papel impresso em lugar de metais pesados era muito boa, e em 1024 o governo retomou a prática, não mais com o negócio privado das "casas de dinheiro", mas com papel impresso numa "casa da moeda" pertencente ao poder público. Como o governo cobra impostos, ele pode dar garantias de resgate a quem portar o papel-moeda, sem grandes dificuldades. Esse foi o ano em que pela primeira vez na história a sociedade conheceu a moeda fiduciária.

Historiadores e economistas costumam afirmar que a moeda fiduciária não se mostrou invenção vantajosa no século de sua criação, pois logo foi atacada pela inflação, mas isso não é verdade. Durante 104 anos, até a instalação da nova capital, o papel chamado *Chiao-Tzu* (meio de troca) funcionou de modo adequado e fez muito bem aos chineses. Se Zhao Gou perdeu a guerra para o neto de Gêngis Khan isso se deveu a outros fatores, que não sua moeda. É quase certo que os mongóis já tinham incorporado a novidade. E, como sabemos, eles eram muito fortes, tendo dominado quase todo o Velho Mundo, do Golfo Pérsico ao Mar do Japão.

Foi aquele século de tranquilidade com o Chiao-Tzu que fez com que o papel-moeda voltasse meio milênio depois, na dinastia Qing, a partir de 1644.

O Chiao-Tzu, sob a nova capital, fracassou, como hoje sabemos que aconteceria, pelo conhecimento que temos do Efeito Ravena. O filósofo Ye Shi (1150-1223) foi o primeiro estudioso a escrever sobre o processo

As Três Causas da Guerra

inflacionário, apontando seus malefícios sobre a economia do país. Em 1161, anos antes das reclamações de Ye Shi, o governo já percebia a profundidade do problema. Substituiu nesse ano o Chiao-Tzu pelo Hui-Tzu (meio de controle), um papel-moeda lastreado em depósitos de cobre. Isso representou, por obra da inflação, o fim da moeda fiduciária, e o trauma perdurou por séculos.

Quando a dinastia Qing iniciou-se em Pequim, em 1644, mantendo-se até a proclamação da República, em 1911, substituiu a dinastia Ming, que já estava na cidade há dois séculos. Desse modo, a volta da moeda fiduciária não correu riscos, por estar em terreno seguro, que era a capital consolidada.

Pedro. Que imperador abandonou São Petersburgo como capital?

A capital São Petersburgo, fundada por Pedro I da Rússia, ou Pedro o Grande, em 1703, funcionou por um período curto como capital, trazendo nesse tempo guerras, carestias e outros sofrimentos à população, até ser abandonada por seu neto, o Imperador Pedro II, coroado em Moscou em 1728, aos 12 anos de idade, por vontade da Imperatriz Catarina I, segunda esposa de Pedro I e sua sucessora.

Pedro I era chamado O Grande não tanto por seus feitos, mas por sua estatura, que era de 2,03 metros. E São Petersburgo ganhou este nome não em homenagem ao fundador, mas por ter sido construída sobre em torno da antiga Fortaleza de São Pedro e São Paulo, na Baía de Luga, que se situa no Golfo da Finlândia.

Catarina I teve 11 filhos com Pedro, mas todos morreram na infância, de modo que o primogênito do Príncipe Alexis Petróvitch, Pedro, que veio a ser Pedro II, foi o único herdeiro reconhecido pelos russos para suceder Catarina I, que reinou de 1725 a 1727, e ela mesma cedeu aos apelos da corte e da população. O jovem cresceu aos cuidados da irmã Natália, pois era desprezado pelo avô e pela imperatriz.

Por ter passado parte de sua juventude na Holanda, como operário de estaleiro, Pedro I foi o Tzar que modernizou a Rússia, dando impulso à industria naval e levando os russos a adotar os costumes da Europa Ocidental, tanto na política quanto no vestuário e em vários hábitos, embora não tenha conseguido em sua época substituir o velho Calendário Juliano pelo Calendário Gregoriano. Cometeu, no entanto, a sandice de criar uma capital nova, ainda que justificando seu ato como uma necessidade de facilitar e incentivar o comércio marítimo.

Antonieta. Os franceses isentavam Versalhes do grande problema econômico?

Tratamos acima da possível influência de Colbert sobre Luís XIV na transferência da administração francesa de Paris para Versalhes, mas ainda não abordamos a fase politicamente mais turbulenta da saga humana, aquela que levou os estudiosos a dividir a História em Idade Moderna, que vinha desde 1453, com a Queda de Constantinopla, e Idade Contempórânea, iniciada em 1789, com a Queda da Bastilha.

O enfraquecimento paulatino e exponencial da monarquia, pela incapacidade que ela demonstrava de resolver os problemas trazidos pelo Efeito Ravena, atingiu fortemente a corte de Luís XVI, levando-o a ceder cada vez mais poder aos representantes da burguesia e das classes populares. A maior vítima de "bullying" naquele período de fermentação da Revolução Francesa foi a esposa do rei, Maria Antonieta Josefa Joana de Habsburgo-Lorena. Tomando cuidado para não despertar simpatias monárquicas nos jovens, os historiadores, que têm como fonte substancial de suas informações os jornais, relutam em analisar friamente a relação entre a burguesia francesa e a rainha, dando a entender que todas as culpas imputadas a ela eram bem fundamentadas.

Décima-quinta filha do Imperador Francisco I da Áustria, Maria Antonieta casou-se aos 14 anos com o delfim da França, futuro rei Luís XVI. Assim que se instalou em Versalhes, os franceses fizeram pespegar nela um apelido desonroso, baseado em sua nacionalidade. Em vez de chamá-la "l'austrichienne" (a austríaca), chamavam-na ("l'autre chienne" (a outra cadela). Como não tinha nenhuma vivência com uma vida de carestia avassaladora, suas opiniões sobre o momento econômico eram inconvenientes. Atribuíam-se a ela palavras que ela nunca pronunciou, mas que pareciam críveis, dada sua posição, sendo este o caso da suposta resposta à demanda por pão, como um apelo por alimentos: "Se não têm pão, comam brioches". Os boatos corriam com aura de verdade absoluta, e isso incentivava a criação de novos boatos.

A pretensão dela era a de cuidar de seu jardim em Versalhes, mas, se o rei errava no afã de buscar solução para os graves problemas econômicos do país, na cabeça dos franceses isso ocorria por influência de sua consorte estrangeira.

Tentando ajuda da sociedade para corrigir a economia, o rei convocou a sessão dos Estados Gerais, no ano de 1788. Tratava-se de uma assembleia de três setores, que eram nobreza, clero e Terceiro Estado, cada uma com um terço dos votos nas deliberações que a casa viesse a tomar O Terceiro Estado era a fração que representava a burguesia e as classes populares.

A posse desses representantes deu-se no dia 5 de maio de 1789. Nos primeiros debates já se fez presente a insatisfação do Terceiro Estado, que, representando 98% da sociedade, não aceitava a cota de um terço do poder de voto, e também não aceitava votação com contagem em separado. Exigia que os votos fossem contados conjuntamente, na regra conhecida como "um homem um voto". No mês seguinte, nobreza e clero decidiram rejeitar a proposta, o que levou o Terceiro Estado a declarar-se Assembleia Nacional.

Luís XVI mandou então trancar a sala em que se realizavam as sessões e o Terceiro Estado passou a reunir-se na quadra de esportes, o Salão do Jogo de Bola. Vários representantes do clero e da nobreza aderiram à medida tomada pelo Terceiro Estado, e o rei enfim aceitou que a Assembleia Nacional realizasse sessões conjuntas.

No dia 9 de julho, os representantes dos três setores, agora reunidos conjuntamente, declararam que a Assembleia Nacional passaria a ser Assembleia Nacional Constituinte, lançando-se a um trabalho que duraria dois anos. De imediato, já no dia 10 de julho os deputados declararam abolida a monarquia absolutista, substituída, portanto, pela monarquia constitucional.

No dia 13 a população amanheceu tomando conhecimento de que o governo tinha autorizado aumento de 100% no preço do pão, entre outros reajustes. Seguiu-se então uma tumultuada revolta popular. Luíz XVI destacou a polícia de Estado para tentar debelar a revolta. A Assembleia, a seu tempo, criou um novo corpo policial, chamado Guarda Nacional, que também entrou em ação. Nem a polícia do Executivo nem a do Legislativo logrou sucesso no controle da situação.

No dia 14 de julho de 1879, os populares invadiram o depósito de armas do Hotel dos Inválidos, e de lá correram para a Prisão da Bastilha, onde imaginavam poder abastecer-se de munição. Para isso, destruíram a prisão, no ato que ficou conhecido como a "Queda da Bastilha". Depois disso, Luís XVI deu ordem para que seus soldados recuassem.

No dia 4 de agosto, os deputados da nobreza concordaram em abolir as regalias da aristocracia, como o imposto diferenciado, o dízimo oficial para o clero e a reserva de vagas nos empregos públicos. No mesmo dia a Assembleia declarou abolida a sociedade de privilégios, declarando o fim do *Ancient Régime*, mas o rei não aceitou o documento. Assim, a Assembleia deu curso à redação da "Declaração dos Direitos do Homem e do Cidadão", que foi votada e aprovada no dia 26 de agosto. Ela determinava a igualdade de todos perante a lei, o direito à propriedade e à segurança, o direito à liberdade, o princípio da presunção de inocência, o princípio da separação de poderes e a liberdade de expressão, entre outras garantias.

Do dia 5 para o dia 6 de outubro ocorreu, como já lembrado acima, a "Marcha das Mulheres sobre Versalhes", que após muita negociação e cenas de violência, conseguiu trazer o monarca e sua esposa para residir no Palácio do Jardim das Tulherias, em Paris.

O lado positivo da presença de Maria Antonieta e de toda a campanha contra ela foi exatamente esse do surto do entendimento de que os problemas econômicos e comportamentais da França naqueles dias eram emanados de Versalhes. Como era apenas um sentimento, sem nenhuma preocupação com abordagem científica, não se firmou uma base geral para aquela constatação, de modo que a culpa ficou restrita ao Palácio de Versalhes, com sua inquilina importada da Áustria.

Nos meses seguintes a França, por injunção da Assembleia, implementou numerosas mudanças, como a outorga do direito de cidadania aos protestantes, o fim dos títulos de nobreza, o rompimento de relações com o papa e a Santa Sé e a abolição das corporações de ofício.

Como mais de 300 mil familiares de gente da nobreza abandonou o país desde a Queda da Bastilha, chegou a vez da tentativa de emigração também do casal casal real, o que veio a realizar-se na noite de 21 de junho de 1791. Porém, ambos foram reconhecidos em Varennes, presos e devolvidos a Paris. A desconfiança quanto ao papel de Maria Antonieta nessa tentativa de fuga instalou-se nas mentes dos franceses.

Em setembro o rei assinou a nova Constituição da França, oficializando o novo modelo de monarquia constitucional.

No ano seguinte, no dia 20 de abril, Luís XVI assinou declaração de guerra à Áustria, à Boêmia e à Hungria. Alguns historiadores registram que ele assinou chorando a ordem de guerra contra o país de seu sogro. Mas logo surgiu no seio da população um boato de que a guerra era uma armadilha, para que a Áustria e outros países vizinhos entrassem no país para revogar a Revolução.

Os "sans culotte" (os "sem calças") invadiram o palácio, levando o casal real a buscar refúgio na Assembleia. Como resultado, a família real ficou presa na Prisão do Templo, a partir do dia 13 de agosto de 1792. Com o rei detido, os revolucionários criaram a Convenção Nacional, para funcionar como Poder Executivo. No dia 21 de setembro foi proclamada a República.

Em dezembro, sob a liderança de Robespierre, tendo Danton como ministro da justiça, os revolucionários iniciaram o julgamento de Luís XVI, sob a acusação de traição à pátria.

No dia 21 de janeiro de 1793 foram guilhotinados na Praça da Concórdia o rei Luís XVI e a rainha Maria Antonieta.

A Convenção dividia-se em duas alas antagônicas: os Girondinos, que se sentavam à direita e eram reticentes quanto aos avanços da Revolução, e os Jacobinos, que se sentavam à esquerda e queriam avançar mais, com maior rapidez. Guilhotinamentos vinham ocorrendo incentivados pelas divergências entre essas duas facções. Após a morte do casal real, isso não mudou.

Danton, que mostrava certa sensatez, passou a reclamar da grande quantidade de execuções. Acusado de corrupção por seu próprio colega de turma de colégio, Robespierre, foi guilhotinado no dia 5 de abril de 1794. Consta que antes de ser posicionado sob a lâmina, disse a Robespierre: "Hoje sou eu, amanhã serás tu".

Robespierre não deve ser tido apenas como um instigador de matanças, pois teve um papel importante na economia. Como a inflação, pelo que sabemos hoje dos estudos de Mário Henrique Simonsen, tem uma forte componente inercial, ela não se esvai sozinha,, sem nenhum choque. Robespíerre interrompeu-a na França com um dispositivo chamado Lei do Máximo, ou Lei do Preço Máximo, uma espécie de congelamento de preços do mercado.

Mas continuava a mandar inimigos e ex-amigos para a guilhotina. Finalmente, em julho, após ser preso com 20 correligionários jacobinos, foi levado ao cadafalso sem passar por julgamento. Com seu guilhotinamento, findou-se o período que dentro da Revolução ficou conhecido como Reino de Terror. A guilhotina continuou sendo usada na França, para sentenciados à morte por crimes comuns, como tinha sido o propósito de sua adoção em 1792. Foi tornada obsoleta em setembro de 1981, com a abolição da pena de morte assinada pelo Presidente François Mitterrand.

Ebert. Que justificativa levou Ebert a governar desde Weimar?

Pela forte determinação dos habitantes dos Estados Unidos e do Japão, suas capitais novas, Washington-DC (1800) e Tóquio (1869), depois de todos os transtornos inevitáveis que trouxeram, consolidaram-se como residência de seus respectivos chefes de Estado. Este não foi o caso da cidade de Weimar, que abrigou o governo da Alemanha a partir do início de 1919, após o fim da monarquia, com a abdicação, no dia 9 de novembro de 1918, do Imperador Guilherme II, derrotado na I Guerra Mundial. O sucessor do último imperador alemão foi o Presidente Friedrich Ebert, do Partido Social-Democrático (SPD), que tomou posse no dia 4 de fevereiro de 1919, dirigindo o país por seis anos, até passar o cargo ao sucessor Paul von Hindenburg, em 28 de fevereiro de 1925.

Desde o dia 9 de novembro de 1918, data do fim da monarquia, Ebert vinha exercendo, dentro do governo provisório republicano, o cargo de chanceler, que na Alemanha responde pela função de primeiro-ministro. A estrutura parlamentar do período era o Conselho de Representantes do Povo

Diferentemente do que aconteceu com os reis de velhas dinastias, que foram levados por assessores desavisados, os presidentes, nas modernas Repúblicas, tomaram a decisão de trocar a capital por caprichos voluntariosos, pressionados, em certos casos, por circunstâncias que serviram de subterfúgio. Este foi o caso de Friedrich Ebert, empurrado para o abismo pela turbulência que se seguiu ao exílio do imperador na Holanda, nos chamados "Tumultos de Natal".

As correntes conservadoras exigiam de Ebert, homem de centro-esquerda, uma transição para a República que nos campos econômico e social mantivesse o status quo. A Liga Espartaquista, liderada pelos jovens Rosa Luxemburgo e Karl Liebknecht, e vários outros segmentos ligados às lutas sindicais tentavam puxar a administração, através de manifestações populares e greves, para uma adesão à linha da Revolução Russa.

No dia 24 de dezembro um grupo de militantes comunistas tomou um dos edifícios do governo em Berlim.

Com a explosão dos Tumultos de Natal, resultantes de um surto de quebra-quebra nas ruas, o chefe de governo, sob intensa pressão, ordenou uma ação militar que devolvesse a ordem à capital.

O resultado da repressão militar não foi a pacificação dos ânimos, mas a dissolução do Conselho de Representantes do Povo, o que se deu no dia 29 de dezembro de 1918.

Os tumultos continuaram no início de 1919 e em meio aos embates uma ala da Liga Espartaquista fundou o Partido Comunista Alemão (KPD). Dele fazia parte o chefe de polícia de Berlim, Emil Eichhorn, que logo recebeu carta de demissão. Eichhorn recusou-se a deixar o posto e em seu apoio os manifestantes intensificaram os protestos, o que levou a uma insurreição próxima a uma guerra civil nos dias 8. 9 e 10 de janeiro.

Para debelar a crise, as milícias conhecidas como *Freikorps* (Corpos Livres) juntaram-se ao exército alemão e, após derrotarem os manifestantes de esquerda, iniciaram, no dia 12, a chamada *Batalha de Berlim*, com ataques que visavam à matança dos líderes revolucionários conhecidos. No dia 15 de janeiro assassinaram Rosa Luxemburgo e Karl Liebknecht.

Essas e muitas outras mortes significaram a vitória do governo frente à insurreição, mas, mais que isso, representou a ascensão da linha-dura na condução do país. Enquanto as lutas eram travadas nas ruas, Friedrich Ebert desenhava o plano de abandonar a velha capital. Isso foi feito ainda durante os dias de choques e assassinatos, com a transferência dos principais órgãos administrativos para Weimar, cidade pequena, mas de grande importância cultural, tendo sido residência de poetas do porte de Schiller e Goethe.

No dia 19 de janeiro realizaram-se eleições para o Parlamento, com as novidades do voto feminino e do sistema proporcional. O partido que conquistou mais cadeiras foi o SPD.

Como já mencionado acima, no dia 4 de fevereiro o primeiro-ministro foi empossado como presidente e no dia 6 os parlamentares eleitos tomaram posse, instalando a Assembleia Nacional Constituinte, que no dia 11 confirmou Friedrich Ebert na presidência federal. O objetivo era criar uma República moderna, livre dos vícios dos tempos imperiais e dos maus costumes políticos cultivados em Berlim. Weimar seria o início de uma nova era para a Alemanha.

Tudo foi ilusão. Como não podemos vencer a lei da gravidade com um simples salto, tampouco podemos contornar as limitações que nos são impostas pelas leis da Psicologia Social.

Pode-se perguntar por que em Berlim houve a insurreição nas três semanas que antecederam a transferência do gabinete de Ebert para Weimar, se o Efeito Weimar só surgiria depois. A resposta é simples. Muito antes de a sociedade apresentar *resiliência*, que é a capacidade de adaptar-se a situações novas sem carregar deformações ocorridas durante o processo, ela apresenta *histerese*. Isto significa persistência de um efeito provocado por uma fonte que recentemente deixou de emitir seu fluxo de energia. A ideia vem do eletroímã, que se mantém com poder de imantação momentos depois de desligar-se a eletricidade que alimentava a peça.

Na sociedade alemã, o *ethos* bélico estava muito ativo sob o poder imperial, como o mundo pôde ver durante a I Guerra Mundial. A queda do imperador, em novembro, não significou o esvaziamento imediato do ânimo guerreiro, mas manteve-o pelos meses seguintes, pelo menos em dezembro e janeiro. A partir de fevereiro de 1919, e até novembro de 1923, com a chefia de Estado instalada em Weimar, a grande luta dos alemães passou a ser outra: como conseguir sobreviver sob a carestia e, logo mais, sob a hiperinflação.

Um longo período inflacionário debilita uma sociedade tanto quanto uma longa guerra. Enquanto na guerra os grandes gastos são com armamentos, munição e sustento de tropas, e as mortes ocorrem devidos aos ataques do inimigo, sob inflação prolongada os recursos do país exaurem-se na desvalorização da moeda e as mortes são provocadas por inanição e por falta de dinheiro para medicamentos, tudo isso devido ao alastramento da miséria, que compõe o fenômeno batizado de Efeito Weimar, segundo o Professor Phillip David Kagan.

No dia 4 de abril de 1919 grupos revolucionários derrubaram o governo estadual da Baviera e proclamaram ali uma República Soviética. Desapropriações e execuções vinham sendo realizadas, até que em maio as *Freikorps*, deslocadas de Berlim, chegaram a Munique e destituíram os novos governantes.

Depois de aprovar o Tratado de Versalhes, no fim de junho, a Assembleia Nacional deu por encerrados os trabalhos de elaboração da nova Constituição, no dia 31 de julho. A promulgação da Constituição deu-se no dia 11 de agosto.

No dia 12 de março de 1920 as *Freikorps* desfecharam um golpe de Estado em Berlim, declarando deposto o Presidente Ebert e alçando Wolfgang Kapp a chefe de Estado. O governo federal instalado em Weimar conclamou a população a reagir ao golpe, com manifestações e greves. Depois de quatro dias o golpe foi debelado e seus líderes fugiram da velha capital. Mineiros do Vale do Ruhr continuaram sua greve, exigindo altas salariais. Tempos depois eles foram acusados de provocar a hiperinflação. Unidades do exército foram mandadas para lá, para encerrar a paralisação.

No dia 7 de agosto o governo sancionou a Lei Nacional de Desarmamento, conforme disposição do Tratado de Versalhes. A população civil foi conclamada a denunciar depósitos de armas de milícias.

O valor da indenização de guerra foi estipulado pela Comissão de Londres no dia 5 de maio de 1921 em 132 bilhões de marcos, ou 6,6 bilhões de libras, que deveriam ser pagas em anualmente, em parcelas de 1,5%. No dia seguinte, provavelmente como uma resposta, o governo alemão assinou acordo com a União Soviética reconhecendo o Partido Comunista como organização legítima para conduzir o governo soviético.

Em setembro Adolf Hitler foi preso por participar de um ataque contra um separatista da Baviera, recebendo condenação a três meses de detenção.

Walter Rathenau, ministro das Relações Exteriores, foi assassinado em Berlim no dia 27 de junho de 1922, por membros das *Freikorps*. Em julho o Parlamento aprovou a Lei de Proteção da República, pondo na ilegalidade grupos que prometiam, promoviam ou cometiam assassinatos ou outros atos de violência política.

Sob hiperinflação os gabinetes não se sustentavam. Em novembro de 1922 o primeiro-ministro Joseph Wirth renunciou, sendo substituído por Wilhelm Cuno, homem do mercado, sem partido.

O gabinete de Wilhelm Cuno durou até 12 de agosto de 1923, quando renunciou, derrotado pelas inúmeras greves por reposição salarial, e foi substituído por Gustav Stresemann, que tomou posse com apoio da "Grande Coalizão", formada por SPD, DVP, DDP e o Partido de Centro. No início de setembro um dólar passou a valer dez milhões de marcos. No dia 1º de outubro o major Bruchrucker, liderando um grupo das *Freikorps*, tentou um golpe de Estado em Brandemburgo, no chamado "Kustrin Putsch", mas as forças oficiais de segurança agiram com rapidez e prenderam os rebeldes.

No dia 8 de novembro o Partido Nacional-Socialista dos Trabalhadores Alemães, sob a liderança de Adolf Hitler, tentou um golpe de Estado em Munique, Baviera, o chamado "Putsch da Cervejaria". No dia 9, vários participantes foram mortos e Hitler foi preso. Foi condenado depois a cinco anos de detenção, mas obteve liberdade com pouco mais de um ano de cumprimento de pena.

Se a hiperinflação de Weimar teve papel na posterior ascensão do nazismo, foi esse de abrir margem para Hitler tentar tomar o poder à força.

As Três Causas da Guerra

Essa tentativa de golpe dificilmente teria ocorrido sob um regime de moeda estável. Esse ato arrivista do austríaco deu início à construção de sua fama entre os eleitores pró-ditadura e os antissemitas, incluindo o banqueiro Hjalmar Schacht. Com todo o sofrimento provocado pela hiperinflação ocorrida dentro de uma gestão social-democrática, ficava fácil para Hitler subir na política atacando a social-democracia.

Certamente, o governo de Gustav Stresemann não duraria muito. Ainda em novembro, no dia 12, o banqueiro Hjalmar Schacht foi nomeado presidente do Banco Central, e já no dia 15 o banco lançou uma nova moeda, o Rentenmark, baseada na produtividade industrial e sustentada no padrão-ouro. Uma unidade de Rentenmark valia no lançamento US$ 4,20.

A medida de Schacht veio para abolir a hiperinflação, mas o SPD, partido principal da coalizão de governo, não teve paciência para esperar os resultados e no dia 23 retirou o apoio ao gabinete. No dia 30 de novembro de 1923 Stresemann foi substituído por Wilhelm Marx, do Partido de Centro, que em sua atuação era partido de centro-direita. Desde que o governo se instalou em Weimar, ele foi o oitavo premier, e permaneceu no cargo por um ano e dois meses, cuidando da estabilização monetária.

O ano de 1924 foi relativamente tranquilo para Ebert, porque a nova moeda finalmente livrava a República de uma prova de fogo das mais opressivas, que foi a hiperinflação. Mas o presidente estava debilitado, após o enfrentamento de muitas tentativas de golpe de Estado, sendo as mais perigosas a das *Freikorps* em Berlim, de ultra-direita; a grande greve que se seguiu no Vale do Ruhr, de esquerda, que terminou em assassinatos de líderes e em massacres, inclusive com intervenção de tropas francesas; e a de Munique, liderada por Adolf Hitler, em ação nazifascista. O fascismo, e seu filhote nazifascismo, não são políticas de direita que se infiltram em grupos de esquerda, como muitos imaginam. Esses movimentos são formados por líderes de esquerda, não alinhados com o programa leninista, que tem na conquista e na manutenção do poder sua razão de viver e para isso isso perseguem e massacram os comunistas, enquanto se aliam ao roto-conservadorismo, que é o tradicionalismo-antiliberal. Proclamam uma via que renega tanto a democracia burguesa (para Hitler, social-democracia burguesa) como o comunismo, conforme Mussolini escreveu em seu opúsculo "A Doutrina do Fascismo".

Por 134 vezes ao longo do mandato Ebert teve de utilizar seus poderes especiais para, com uso da força, debelar rebeliões e tentativas de golpes. Sofrendo com cálculos biliares e colecistite, voltou para Berlim, em busca de tratamento. Na segunda semana de fevereiro de 1925 foi internado para tratar de uma forte gripe, que poderia ser uma pneumonia, mas contraiu septicemia. No dia 23 foi submetido a uma cirurgia de apendicite, mas as infecções se agravaram. Faleceu no dia 28 de fevereiro de 1925, sendo sucedido na presidência pelo Marechal Paul von Hindenburg. O filho mais velho de Ebert, Friedrich Ebert Jr., foi prefeito de Berlim Oriental de 1948 a 1967. Atualmente, o SPD mantém a Fundação Friedrich Ebert, que defende o legado do presidente e dedica-se à formação política da juventude nos valores da social-democracia.

Chiang. Que situação econômica abriu o caminho para Mao Zedong?

Depois de tomar, com seu exército nacionalista, a cidade de Nanquim, Chiang Kai-shek instalou nela a sede do governo chinês, iniciando a chamada Década de Nanquim, que durou de 1928 a 1937. A cidade já tinha sido capital, mas já tinha perdido seu status histórico. O ano de 1938 Chiang manteve-se em Wuhan, região central do país. Depois disso, de 1938 a 1944 o governo esteve instalado em Chongqing, na região sudoeste. Daí foi transferido para Nanquim.

Em 1941 Chiang Kai Shek assinou um acordo de paz com Stálin, mas isso não agradou o exército comunista, liderado por Mao Zedong.

Depois do fim da II Guerra Mundial, nacionalistas e comunistas realizaram conversações no outono de 1945 com vistas a um arranjo pacífico para governar o país. Chiang era reconhecido internacionalmente como o chefe de Estado da China, mas o grupo de Mao Zedong sentia-se mais forte. Em 1948 Mao conquistou várias cidades, avançando até Nanquim.

A alta inflação que atormentava a China favorecia as tropas de Mao Zedong.

Chiang tratou de garantir a posse de Taiwan, Ilha de Formosa, que o Japão perdeu para a China ao ser derrotado na guerra mundial. A ocupação não foi pacífica, tendo o exército nacionalista provocado um massacre, assassinando cerca de 20 mil pessoas. Após tomar Nanquim, o exército comunista garantiu a posse de Mao Zedong, o que ocorreu no dia 20 de março de 1949. Como é sabido, o novo governo instalou-se em Pequim, capital com status histórico secular ainda vigente.

Chiang Kai Shek governou Taiwan como China Nacionalista, desde a capital da ilha, Taipé, durante 26 anos, falecendo no dia 5 de abril de 1975. Nesse período passou pela tristeza de ver a ONU trocar, em 1972, a representação de Taipé pela de Pequim, significando isso que a China Continental, e não a China Nacionalista, passou a falar em nome dos chineses.

Tildy. Às margens de que lado instalou-se Tildy em 1946?

Depois de uma Primeira República que durou um ano, no fim da I Guerra Mundial, a Hungria restaurou a monarquia, em março de 1920, voltando a República apenas com o fim da II Grande Guerra. O presidente dessa Segunda República foi Zoltán Tildy, que dirigiu o país de 2 de fevereiro de 1946 a 2 de agosto de 1948.

Se Friedrich Ebert instalou a residência presidencial alemã em cidade sem status histórico secular de capital, Weimar, devido a tumultos e choques mortais em Berlim, e, por falta de conhecimento de causa, fermentou uma hiperinflação embrutecedora, o que aconteceu na Hungria foi mais incontornável, um acontecimento de um infortúnio sem par, embora tenha ocorrido em período muito mais curto.

A monarquia húngara vinha lutando alinhada ao eixo, mas em 1944 Miklós Horthy, príncipe regente, percebendo o enfraquecimento do nazismo, procurou distanciar-se dos alemães, que deixaram de confiar nele. Em março de 1944 o país foi invadido pelo exército alemão, que impôs um novo gabinete de governo, controlado por um preposto de Hitler. Um ano depois, no dia 4 de abril de 1945, o exército soviético expulsou os alemães, como resultado da chamada *Batalha de Budapeste*. Os nazistas que ocupavam a capital húngara tinham ordens de Hitler para praticar política de terra arrasada em caso de derrota iminente, e foi o que fizeram, destruindo pontes, edifícios importantes e tudo o que puderam, completando o estrago feito pelos bombardeios de ingleses e norte-americanos em seus ataques para ajudar o cerco organizado pelos soviéticos. Com o exército soviético, formou-se então um governo provisório, dirigido pelo General Miklós. No fim do ano o Partido dos Pequenos Proprietários, chefiado por Zoltan Tildy, venceu as eleições parlamentares. No início de 1946 Tildy tornou-se presidente, abolindo oficialmente a monarquia.

Não havia casa inteira, não havia palácio inteiro, nenhum lugar adequado em que o presidente pudesse pernoitar e manter seu gabinete de trabalho. Tildy transferiu-se então para uma residência às margens do Lago Balatón, região ocidental e transdanubiana do país.

Na tentativa de salvar a economia do país, já muito debilitada pela guerra, o banco central emprestava dinheiro com juros abaixo da inflação, o que significa taxa negativa de juros, na prática. Se havia algo que não representava problema era a liquidez: toda a demanda por moeda era prontamente atendida.

O processo hiperinflacionário foi rápido, atingindo o ápice em julho de 1946. A maior taxa diária de crescimento inflacionário na fase aguda de hiperinflação de Weimar atingiu a cifra de 20,9%, segundo levantamento do Instituto Cato. No caso húngaro, a inflação diária média (geométrica) naquele mês de julho alcançou a taxa de 207%. A inflação do mês foi de $4,19 \times 10^{16}\%$, a maior em toda a história do mundo até o momento.

No dia 1º de agosto de 1946 o banco central da Hungria, depois de dezenas de cortes de zeros no valor da moeda, lançou uma nova unidade monetária, o florim, seguindo o padrão-ouro, e a maior inflação da história deixou de atormentar a população.

Quanto ao Presidente Tildy, teve de renunciar à presidência no dia 2 de agosto de 1948, não por causa da hiperinflação, que já tinha ficado para trás há tempos, mas por escândalo familiar. Seu genro foi preso sob acusação de adultério e corrupção. Voltou ao governo em 1956, como ministro de Estado, mas na invasão soviética foi preso, tendo sido condenado a seis anos de detenção em junho de 1958. Cumpriu a pena e retirou-se da política, falecendo em agosto de 1961.

Mugabe. Em que localidade Mugabe construiu sua residência?

Morto no dia 6 de setembro de 2019, aos 95 anos, enquanto este presente livro estava sendo escrito, Robert Mugabe dirigiu o Zimbábue durante 37 anos, de 1980 a 2017.

Militar, formado em Letras e Economia, católico, Mugabe fez parte do grupo que lutou pela independência do país. Seu sonho pela emancipação do país vinha desde a juventude, quando atuava como professor do ensino básico. Começou no governo como primeiro-ministro, mas em 1987 foi alçado à presidência e unificou os postos de premier e presidente, assim como fez Hitler na Alemanha em 1934. Ao contrário do austríaco, porém, sua luta era antirracista.

Mugabe quando jovem militou na União Nacional Africana do Zimbábue (Zanu), que lutava pela independência. Foi preso e condenado a dez anos de detenção. Depois de cumprir a pena radicou-se em Moçambique, sem deixar de lutar pela independência de seu país. Foi nessa fase, no fim da década de 1970, que ele se aliou a grupos armados, que praticavam atentados e sabotagens contra o regime racista do Presidente Ian Smith. A independência, porém, veio através de acordo, assinado em Londres, no dia 10 de dezembro de 1979. Para as eleições seguintes, valeria o princípio de "um homem, um voto", embora os brancos tivessem obtido a garantia de reserva de 20% das cadeiras do Parlamento. O Zanu, de Mugabe, então unido à Frente Patriótica, formando o Zanu-PF, obteve 71% das cadeiras. Mugabe tornou-se premier e Canaan Banana foi empossado como presidente da República.

Mesmo sendo militante contra o racismo, Mugabe teve de administrar, quando primeiro ministro, algumas guerras étnicas entre as tribos mais influentes do país. Depois que aboliu o parlamentarismo e tornou-se presidente, de 1987 em diante, governou em relativa tranquilidade, até que tomou a decisão "noiuveau-riche" de abandonar a velha capital, Harare, e construir um novo centro administrativo e uma mansão para servir como residência presidencial..

Já no início de 2006 a população do Zimbábue soube da intenção capitalnovista do presidente, que mandou construir esse conjunto de obras

As Três Causas da Guerra

em Borrowdale Brooke, localidade próxima de Harare, ao norte.

Os preços de mercado iniciaram sua trajetória ascendente, e os cidadãos do país relacionaram, como foi costume onde quer que tal uma nova capital tenha sido montada, a alta de preços, e logo em seguida a inflação, aos grandes gastos com aquelas obras. Essa falsa relação de causa e efeito cessa poucos anos depois que o novo centro administrativo é completado e os gastos da construção se encerram. A inflação e todos os males transbordados pela nova capital continuam a atormentar a população, e então o descalabro econômico recebe nova pretensa causa: a impressão irresponsável de moeda.

(✋) Certamente, repor papel-moeda através de impressão que supra a demanda é causa do crescimento do índice de inflação, mas não da alta de preços. Sem impressão de moeda, os preços subirão até a máxima altitude possível, produzindo uma situação de dolorosa carestia.

Em pouco tempo a taxa de inflação chegou à cifra anual de 10.000%. Para fazer frente a isso o governo implementou uma política de desemprego, levando a uma taxa que chegou a 80% de adultos desempregados. Também tentou com desespero controlar os preços, encarcerando milhares de empresários.

Em 2008, calcula-se que a inflação anual tenha atingido o valor de 160.000%.

A partir do início de 2009 Mugabe debelou a alta inflacionária com a adoção de moedas fortes estrangeiras, que passaram a circular livremente no país.

Uma das consequências do período de hiperinflação foi a volta do parlamentarismo.

Em fevereiro de 2009 ele teve de dar posse a Morgan Tsvangirai como primeiro-ministro. Este exerceu um mandato quadrienal e, em 2013, Mugabe, já distante dos anos hiperinflacionários, mais uma vez aboliu o cargo de premier.

No dia 6 de novembro de 2017 Mugabe, já com 93 anos de idade, demitiu o vice-presidente do país, Emmerson Mnangagwa. As Forças Armadas e a população interpretaram o ato como uma tentativa do presidente de abrir caminho para entregar o poder à esposa, Grace Mugabe. Dias depois ele foi advertido pelo Exército de que as Forças Armadas não tolerariam a destituição sem justa causa de líderes forjados na luta de independência. Na manhã de 15 de novembro ele e a esposa foram detidos, e ele foi obrigado a renunciar oficialmente à presidência. O vice-presidente foi eleito como presidente, sucedendo-o. Ele apoiou o candidato opositor, Nelson Chamisa.

Ele faleceu em 2019 sem saber o grande bem que fez ao país ao não abrir mão da residência presidencial de Borrowdale Brooke. Continuou morando lá, de modo que o Presidente Emmerson Mnangagwa continuou residindo na velha capital, Harare.

Recordes. Que país viveu a maior taxa diária de inflação?

A seguir construiremos uma tabela relacionando os sete maiores índices mensais de inflação ocorridos ao longo da história mundial, com o nome do país, o mês do recorde nacional, o índice do mês e a taxa diária dentro do referido mês, em média geométrica. Antes, temos de lembrar que a Iugoslávia está na tabela porque seu presidente, o Marechal Tito, antes da morte, que se deu em 1980, determinou que a presidência do país seria itinerante, circulando pelas capitais das unidades federativas, deixando de lado Belgrado, a capital tradicional. A República Sérvia de Krajina foi apenas mais uma vítima dessa decisão. O caso da Grécia é parecido com o da Hungria: o chefe de Estado, no fim da II Guerra Mundial, estava lotado na Ilha de Creta, por causa da destruição que os nazistas provocaram na capital Atenas. (O símbolo "E" significa "elevado a".)

País	Mês	Taxa %	Ao dia %
1 – Hungria	07-1946	4,19x10E16	207
2 – Zimbábue	11-2008	7,96x10E10	98
3 – Iugoslávia	06-1994	3,13x10E6	64,6
4 – Krajina	06-1994	2,07x10E6	64,3
5 – Alemanha	12-1923	2,95x10E4	20,9
6 – Grécia	12-1945	1,38x10E4	17,9
7 – China	05-1949	5.07x10E3	14,1

Recentes. Que país anunciou em 2019 uma troca de capital?

O caso de Borrowdale Broke, Zimbábue, não está sozinho no século XXI. Alguns outros países realizaram troca de residência presidencial, no fim do século XX ou mais recentemente, embora a inflação que provocaram não tenha chegado às proporções daquela vivida por Robert Mugabe.

Entre os países com mudanças recentes de capitais estão Belize, na América Central, que trocou a cidade de Belize por Belmopan (1970); Nigéria, que trocou Lagos por Abuja (1991); e Mianmar, que trocou Rangun por Naipyidó (2005). Recentemente também a Tunísia passou por uma mudança de residência presidencial. O presidente do país trocou o palácio em Tunes, capital tradicional, pela antiga Cartago, que é oficialmente um bairro de Tunes, mas fica a 17 quilômetros a noroeste da capital, o que certamente tem sido interpretado pelos tunisianos como uma cidade distinta de Tunes. Ali teve início a chamada "Primavera Árabe", e os habitantes do país continuam sofrendo com a alta inflação.

Enquanto este livro estava sendo escrito, outro fato estritamente relacionado a ele, como foi a morte de Mugabe, ocorreu no mundo: o governo da Indonésia anunciou, no dia 26 de agosto de 2019, que construirá nova capital, abandonando Jacarta.

(☞) Em seu Tratado Político, Espinosa definiu a democracia como o regime em que não importa a situação de nascimento do agente político. De fato, o governante "nouveau-riche" não traz nenhum problema, a não ser que decida impor seu sentimento iconoclasta contra os símbolos tradicionais do país, o que se constitui em tragédia quando a vítima é a cidade da residência do chefe de Estado.

Capítulo 6 - Rio

Em 1960 o Brasil "morreu na praia", depois de muito "nadar", guerrear e sofrer. É caso raríssimo e absolutamente lamentável o que aconteceu com o país naquele ano. Certamente ainda há chance de aplicação de um desfibrilador que o faça voltar à vida, mas a arrogância e o preconceito são barreiras quase intransponíveis a essa perspectiva.

A capital colonial do Brasil era Salvador, desde 1549. Quando o príncipe regente Dom João saiu de Portugal em 1808, fugindo das tropas de Napoleão Bonaparte, aportou ali, no Recôncavo. Assinou a lei de abertura dos portos às nações amigas e criou a Faculdade de Medicina da Bahia. A administração do território brasileiro, porém, não estava mais naquela cidade. Tinha sido transferida para o Rio de Janeiro em 1763, há 45 anos, portanto. Depois de um mês, a corte foi transladada para a Baía de Guanabara, mas o Rio era uma capital sem status histórico. A chegada da família real ao Rio desencadeou nove dias seguidos de festejos, pois o evento era imensamente auspicioso para os brasileiros e para os cariocas em especial. A realidade dura viria depois.

Além de não ser ainda uma capital consolidada para o Brasil, a capital tradicional do reino era Lisboa. No Rio ou em Salvador, Dom João teria de enfrentar seriíssimos problemas.

Cristóvão. De quem Dom João ganhou a Quinta da Boa Vista?

Os anos passados no Rio foram muito difíceis para Dom João. Ali ele se tornou Dom João VI, obtendo a coroa de rei após a morte em 1816 de sua mãe, a Rainha Maria I, que vinha sofrendo há anos de problemas mentais. Seu irmão mais velho, José, já havia morrido.

Mesmo tendo consciência de que o Rio, desde 1808, era sede de um reino que se estendia pelos quatro cantos do globo terrestre, a população não respeitava o rei, passando aos poucos a ridicularizá-lo. Concretizava-se com a vinda ao Rio a proposta feita pelo Padre Antônio Vieira mais de um século e meio antes, de transferir a coroa para a América, como parte de um plano de criação do último e Quinto Império da história mundial. Dom João VI trouxe com ele grandes artistas e cientistas europeus e instalou no Rio instituições de caráter duradouro, que pudessem ser apresentadas como base de uma corte moderna e em linha com as capitais dos países mais importantes do mundo. Mas, enquanto em Portugal havia desde muitas décadas a ideia de mudar a corte para o Rio, o Rio de Janeiro não estava preparado para isso. Não havia um palácio à altura de receber a família Bragança. Diante disso, e demonstrando entusiasmo por ver sua cidade abrigando a corte, o comerciante Elias Antônio Lopes cedeu a Dom João seu sítio, no norte do município, a Quinta da Boa Vista, que contava com um palacete vistoso. Dom João mandou fazer algumas reformas e ampliações, antes de transformá-lo na residência real, com o nome de Palácio de São Cristóvão.

Os problemas econômicos não tardaram a avolumar-se. A tentativa de tomar a Guiana Francesa de Bonaparte resultou fracassada. A Inglaterra, que ajudou Dom João na fuga, impôs em 1810 um acordo comercial que prejudicou muito a economia brasileira, que não conseguiu desenvolver sua indústria, ante as importações de produtos dos mais variados tipos. O déficit público elevou-se de modo assustador, e o Banco do Brasil, que Dom João criou em 1808, entrou em crise, vindo a ser fechado em 1829. Viria a ser recriado em 1851, pelo Barão de Mauá.

Como na Europa não se sabia dessas dificuldades do outro lado do Atlântico, quando Napoleão foi destituído, em 1815, o Congresso de Viena, em que foi discutida a nova organização dos Estados europeus, Talleyrand e outros diplomatas recomendaram que Dom João mantivesse a corte no Brasil.

Mesmo com todas as dificuldades, Dom João, já como rei, conseguiu tomar Montevidéu, em 1817, e em 1821 o Uruguai foi anexado ao Brasil, com o nome de Província Cisplatina. Também mobilizou seus diplomatas para encontrar um casamento para seu filho Pedro, e no ano de 1817 este casou-se com Maria Leopoldina da Áustria. Para isso, o rei expulsou do Brasil a francesa Noémi Thierri, que era namorada plebeia de Pedro. Nesse mesmo ano de 1817 a corte teve de enfrentar uma tentativa de desmembramento, a *Revolução Pernambucana*. Dom João VI começava a perder autoridade.

Retorno. Em que ano Dom João VI voltou a Portugal?

No dia 20 de agosto de 1820, um movimento militar em Portugal instalou uma junta de governo na cidade do Porto, convocando eleições para deputados, sem consulta ao rei. O movimento, chamado *Revolução Liberal do Porto*, alcançou Lisboa e teve repercussão nas províncias brasileiras do Pará e da Bahia, provocando também rebelião militar no Rio de Janeiro.

Em Lisboa, formou-se um *Conselho de Regência*, no dia 30 de janeiro de 1821, e este exigiu a volta de Dom João VI a Portugal. Cortesãos do Brasil reprovaram aquela demanda, temendo que o país voltasse à condição de colônia. Mas a população brasileira não estava mais satisfeita com a presença real no país. No dia 25 de abril, Dom João nomeou Pedro príncipe regente do Brasil e partiu para Portugal.

No dia 10 de março de 1826 Dom João VI faleceu em Lisboa, após sofrer convulsões e desmaios. Houve a suspeita de envenenamento, mas a causa da morte não pôde ser apurada na época. Só no ano 2000 é que uma equipe médica analisou partes de seu corpo, que foi exumado para exame, e constatou que ele fora envenenado por arsênico.

Após a morte do rei, Portugal passou a exigir a volta de Dom Pedro, que lá seria Dom Pedro IV, já que Dom Pedro III era o paí de Dom João VI. Dom João, ao sentir que sua hora havia chegado, nomeou sua filha Isabel Maria como princesa regente. Ela manteve-se nessa condição por dois anos. O herdeiro presuntivo era, reconhecidamente, Dom Pedro.

Independência

No Rio, por articulações da Princesa Leopoldina e do político e cientista José Bonifácio de Andrada e Silva, a independência foi assegurada, e Dom Pedro declarou-a, em São Paulo, no dia 7 de setembro de 1822, tornando-se Imperador Dom Pedro I do Brasil.

Se a vida do Rei Dom João Vi não foi confortável no Rio, tampouco seria a vida de seu filho como chefe de Estado.

O plano de José Bonifácio para a independência prognosticava um sistema político baseado no modelo britânico, em que o próprio Bonifácio inauguraria o posto de premier. Dom Pedro I não cumpriu a palavra, imaginando que agindo como monarca absolutista ganharia os louros por uma boa administração. Inteligência e formação não lhe faltavam, pois tinha recebido educação de competentes preceptores. Em Música, por exemplo, seu mestre foi Marcos Antônio Portugal, compositor admirado em todos os países europeus, e com ele aprendeu piano, violão e flauta, tornando-se bom compositor de peças populares. Sua obra conhecida por todos os brasileiros é o Hino da Independência, com letra do jornalista Evaristo da Veiga. Mas toda a habilidade e todo o preparo do chefe de Estado descem o abismo quando sua residência efetiva é uma cidade sem status histórico de capital.

Bonifácio não conhecia, obviamente, o papel do capitalnovismo na condução do Estado, e atribuiu a má governança à quebra do acordo verbal que Dom Pedro teria feito com ele, preconizando uma monarquia constitucional para o Brasil. "Jamais conheci um príncipe tão pusilânime como Pedro", escreveu em "Projetos para o Brasil".

Os passos para a independência são bem conhecidos. Tropas portuguesas foram enviadas para controlar a regência no Brasil. Pedro cedeu às exigências que lhe fizeram, mas avisou que aquilo teria limite. Depois de algumas crises políticas, chegou ordem de Lisboa para que Pedro partisse para lá. Temendo voltar à condição de colônia, brasileiros organizaram um abaixo-assinado pedindo a Pedro que não atendesse o chamado de seu pai. Foram obtidas oito mil assinaturas, que foram entregues a Pedro no dia 9 de janeiro de 1822. Em resposta o príncipe disse: "Como é para o bem comum e satisfação geral da nação, estou preparado. Digam ao povo que fico!" Desde então o 9 de janeiro é lembrado no Brasil como "o dia do Fico".

O comandante das tropas portuguesas, Jorge de Avilez, tentou forçar a partida de Pedro. Este reuniu tropas formadas apenas por brasileiros que, com maior contingente, conseguiu a rendição do comandante português e este foi mandado de volta a Lisboa, acompanhado de seus soldados.

Em São Paulo, quando estava com sua guarda no bairro do Ipiranga, vindo da cidade de Santos, Dom Pedro recebeu carta de Portugal avisando que Lisboa não aceitaria um governo autônomo no Brasil. Após ler a mensagem, ele proferiu a declaração de independência, que terminou com o brado "Independência ou Morte!"

A coroação ocorreu no Rio de Janeiro no dia 1º de dezembro, mas algumas províncias distantes de São Paulo e Rio de Janeiro não aderiram pacificamente à nova condição do território. No ano de 1823 algumas batalhas tiveram lugar no Sul e em outras regiões, com maior derramamento de sangue no Maranhão e na Bahia, nas lutas dos brasileiros para expulsar os defensores da condição de colônia para o país. Esses embates levaram à ruptura de relações entre Dom Pedro I e seu principal ministro, José Bonifácio, por causa de choques de poder. Pouco antes da declaração de independência, Pedro foi admitido na maçonaria. No dia 7 de outubro tornou-se grão-mestre da ordem, tomando o lugar que era de Bonifácio. O imperador exonerou Bonifácio sob acusação de conduta inadequada, basicamente porque achou que ele se valeu do cargo para prender a uns e expulsar do país a outros inimigos pessoais, alguns dos quais usufruíam a amizade do chefe de Estado.

Eleito à Assembleia Geral Nacional Constituinte, José Bonifácio denunciou uma grande conspiração contra os interesses do Brasil, e implicou o próprio imperador como conivente. No dia 12 de novembro de 1823 Dom Pedro dissolveu a Assembleia e encarregou ao Conselho de Estado a elaboração de um texto constitucional, que ele promulgou no dia 25 de março de 1824.

Pernambuco. Que líder foi enforcado em Pernambuco em 1825?

O primeiro grande conflito surgido como resultado da Constituição outorgada pelo imperador foi a *Confederação do Equador*, uma tentativa de desmembramento da província de Pernambuco, aliada a Ceará e Paraíba. Desde dezembro de 1823 o jornal *Typhis Pernambucano*, de Frei Caneca vinha criticando a política da corte, não só o gabinete de Bonifácio como o seguinte. A dissolução da Assembleia e a imposição da Constituição insuflaram a insurreição. Com escritos panfletários inspirados por intelectuais românticos europeus, o frade aliou-se ao médico Cipriano

Barata e muitos outros líderes no intento de separar do Brasil as províncias nordestinas. Professor de Retórica, Filosofia e Geometria, Joaquim da Silva Rabelo, Frei Caneca, a partir do dia 2 de julho de 1823, data da proclamação da Confederação do Equador, atuou como secretário do exército rebelde e conselheiro espiritual dos separatistas. Mas as forças do império, contando com o apoio do Almirante Cochrane, não tardou a tomar Recife. Frei Caneca foi preso pelas tropas imperiais no dia 29 de novembro e no dia 18 de dezembro teve iniciado seu julgamento, em comissão militar presidida por Francisco de Lima e Silva, futuro Duque de Caxias.

No dia 13 de janeiro de 1825 Frei Caneca foi enforcado, seguido por mais dez chefes rebeldes. Alguns dos líderes exilaram-se, centenas de outros implicados foram presos e o projeto de separação do Nordeste encerrou-se naquele momento.

No ano seguinte, a Assembleia Geral Legislativa aprovou a criação dos cursos jurídicos, que foram oficialmente lançados por Dom Pedro I no dia 11 de agosto de 1827, para a cidade de Recife e para a cidade de São Paulo. Na visão do poder imperial, Pernambuco, que antes trouxera grande riqueza para o país através da cultura da cana-de-açúcar, passava a dividir as atenções com São Paulo.

Como dito acima, após a morte de Dom João VI em Portugal, o trono coube por direito a Dom Pedro. Como ele sabia que nem portugueses nem brasileiros aceitariam uma reunificação das coroas, nomeou rainha sua primogênita Maria da Glória, com o título de Maria II. Nascida em 1819, no Palácio de São Cristóvão do Rio de Janeiro, ela estava com apenas sete anos de idade. Foi a única pessoa nascida no Brasil a tornar-se chefe de Estado em solo europeu.

No dia 11 de julho de 1828, o irmão de Dom Pedro, Miguel, logo após ter recebido o cargo de regente, deu um golpe de Estado e coroou-se como Rei Miguel I de Portugal.

Cisplatina. Em que ano o Brasil perdeu a Província Cisplatina?

Antes disso, logo após ser debelada a insurreição pernambucana Dom Pedro I teve de enfrentar problema similar no Sul. Apoiados pela Argentina, então Províncias Unidas do Rio da Prata, políticos uruguaios declararam a independência da Cisplastina, em abril de 1825. O imperador decidiu viajar pelo país para alistar soldados para a Guerra do Prata. Foi até a Bahia, depois rumou para o Sul, chegando a Porto Alegre no dia 7 de dezembro de 1826. A guerra seguia seu curso quando ele recebeu a notícia de que sua esposa Maria Leopoldina havia morrido no Rio de Janeiro, após sofrer um aborto involuntário. Ao chegar ao Rio deparou-se com o boato de que a imperatriz havia morrido em consequência de agressões por parte do marido.

As Três Causas da Guerra

No dia 25 de agosto de 1828 o Uruguai declarou sua independência frente ao Brasil e Dom Pedro I reconheceu em seguida a derrota das tropas brasileiras.

Tomado de sentimento de culpa e arrependimento, por ter confinado sua esposa em palácio, enquanto viajava para as províncias ao lado da amante Domitila de Castro, a Marquesa de Santos, expulsou esta do Rio de Janeiro, exigindo que ela voltasse à província de São Paulo, já que ela era da cidade de Santos. Meses depois ele a aceitou de volta, mas por pouco tempo, pois arrumou uma noiva, a Princesa Amélia de Beauhamais, da Baviera, com quem se casou em outubro de 1829.

Recomposta a tranquilidade familiar, Pedro passou a pensar em sua volta a Lisboa, muitas vezes fazendo referência a isso. Defensor da liberdade de expressão e favorável a um plano de libertação paulatina dos escravos, foi perdendo apoio entre proprietários de terras e outras alas conservadoras. Era frequentemente acusado de não respeitar o governo de gabinete, que consolidaria uma monarquia constitucional. Em março de 1831 ele mostrou que esses temores eram infundados, pois deu posse a um gabinete do partido dos liberais, que antes estavam na oposição.

Abdicação. Em que cidade o Imperador Pedro I instalou-se ao voltar à Europa?

Sabendo da vontade manifestada pelo imperador de voltar a Lisboa, portugueses residentes no Rio provocaram uma noite de tumultos na cidade, na chamada *Noite das Garrafadas*. Dias depois Dom Pedro destituiu o gabinete, acusando-o de agir com pouca eficácia no episódio dos tumultos. No dia seguinte, 6 de abril, uma multidão manifestou-se em praça pública exigindo a restauração do gabinete. A resposta de Dom Pedro foi sua carta de abdicação, no dia 7 de abril de 1831. Encerrava-a com as palavras: "Retiro-me à Europa e abandono um país que muito amei e ainda amo".

Na Europa Pedro fixou-se em Paris, onde sua esposa Amélia teve a primeira filha do casal, Maria Amélia, e dali viajava para a Inglaterra e outros países buscando apoio para seu ataque ao usurpador Miguel I, seu irmão. Sem nenhum título de nobreza, ninguém lhe prometia ajuda. Decidiu retomar então o título de Duque de Bragança, que ostentou antes de ser imperador. Quando conheceu na França o Marquês de La Fayette, e recebeu apoio deste, suas esperanças foram restabelecidas.

Voltou a Portugal e começou a organizar o exército de restauração da coroa a partir do Arquipélago dos Açores, única região portuguesa que não aderiu a Miguel. Dali desembarcou na cidade do Porto, no dia 9 de julho de 1832, recebendo a adesão dos moradores e de valorosos intelectuais.

Porto. Qual apelido Dom Pedro IV tinha em Portugal?

Dom Pedro ficou mais de um ano no Porto, fortalecendo seu exército e esperando o momento de agir. Quando finalmente iniciou o ataque, viu que as baixas de seu lado eram maiores que o esperado. Mesmo assim, arriscou dividir as tropas, fazendo uma parte delas atacar pelo sul, na região do Algarve. A estratégia funcionou e as cidades do sul não apenas eram conquistadas como cediam contingentes para seu exército. Quando tomou Lisboa, no dia 24 de julho, achou que a luta terminaria ali, mas logo foi envolvido numa guerra espanhola. Dom Carlos, tio de Dom Pedro, levantou-se em luta para tomar a coroa das mãos da sobrinha Isabel II. Dom Pedro aliou-se aos exércitos liberais da Espanha que lutavam em favor de Isabel II e derrotou Dom Carlos. Um acordo de paz foi assinado no dia 16 de maio de 1834.

Semanas depois, Dom Pedro, agora Rei Dom Pedro IV, apelidado O Rei Soldado, caiu doente, acometido de tuberculose. Faleceu no Palácio de Queluz no dia 10 de setembro, deixando como herdeira do trono a filha Maria II, cognominada A Educadora.

Enquanto esteve no Porto, ocupado em organizar o ataque pela restauração, recebeu a visita de Antônio Carlos de Andrada e Silva, irmão de Bonifácio. A situação político-econômica do Brasil, que não era boa sob Dom Pedro II, continuou deteriorando-se na regência. O filho Pedro de Alcântara, que viria a ser mais tarde o Imperador Dom Pedro II, ficou no Rio com pouco mais de cinco anos de idade quando Dom Pedro I partiu de volta a Portugal, nomeando José Bonifácio como tutor do menino. A cidade estava ainda muito longe de adquirir status histórico de capital, e os novos governantes ressentiam-se de uma autoridade mais reconhecida popularmente.

O ex-imperador do Brasil desconfiou que o pedido de Antônio Carlos vinha de uma ala política, de conservadores que pretendiam consolidar o poder, não da população. Respondeu que só pensaria em voltar se o pedido fosse feito pela Assembleia Geral Legislativa, com ampla aprovação.

Levando-se em conta que o poder de fato estabeleceu-se no Rio de Janeiro em 1808, a consolidação da capital veio a ocorrer a partir do ano de 1928, passadas as 12 décadas necessárias para esse amadurecimento, com garantia definitiva em 1938. Se contarmos de 1763, ano do estabelecimento da administração colonial na cidade, as 12 décadas se completaram em 1883..

Encerrando o período da regência, Dom Pedro II foi coroado imperador aos 15 anos de idade, no dia 18 de julho de 1841, após uma declaração *ad hoc* de redução da maioridade, que deveria ter sido de 18 anos, votada e aprovada no Parlamento no dia 26 de julho de 1840, quando ele tinha, portanto, 14 anos.

Revoltas

Vários conflitos bélicos internos aconteceram no país no período regencial. Entre os mais importantes devem ser destacados.a *Cabanagem*, a *Revolta dos Malês*, a *Sabinada*, a *Balaiada* e a *Revolução Farroupilha*.

A Cabanagem ocorreu no Pará, entre 1835 e 1840. O governo local, amparado por uma elite de origem europeia, foi derrubado por uma revolta popular formada por um contingente de indígenas e negros, os cabanos, que declararam a independência da província. Tropas leais ao governo imperial restauraram o antigo governo.

A Revolta dos Malês deu-se no Recôncavo, na Bahia, em 1835, e durou apenas um dia. Escravos muçulmanos, os malês, que eram alfabetizados, levantaram-se em rebelião com o objetivo de formar a Bahia Malê, que seria um país dirigido por ex-escravos. O plano não prosperou e foi derrotado em menos de 24 horas.

A Sabinada ocorreu também na Bahia, entre 1837 e 1838, liderada por Sabino Barroso, professor da Escola de Medicina e jornalista. Os escravos nascidos no Brasil que pegassem em armas ganhariam a liberdade, conforme promessa dos chefes da revolta. Menos de um ano depois as tropas imperiais recuperaram Salvador, capital da Bahia, pondo fim à rebelião, numa luta que resultou em mais de 1800 mortes.

A Balaiada ocorreu no Maranhão, de 1838 a 1840, iniciada no sul da província por Francisco dos Anjos Ferreira, um vendedor de balaios, que juntou um contingente de revoltosos para vingar o estupro de sua filha provocado por um capitão da polícia. Ao grupo de Ferreira juntou-se o líder Cosme, comandando um grupo de 3.000 escravos fugitivos. Quando a rebelião foi derrotada pelas tropas do poder imperial, o líder Cosme foi condenado à morte, e foi executado em 1842, enquanto que as demais lideranças receberam anistia condicionada à reescravização dos negros que participaram da revolta.

A Revolução Farroupilha, também chamada de Guerra dos Farrapos, ocorreu no Rio Grande do Sul e em Santa Catarina, de 1835 a 1845. Pela data de encerramento, vemos que a autoridade de Dom Pedro II como imperador não se impôs de imediato, precisando de quatro anos para dominar as províncias do sul. Em setembro de 1835 os revolucionários proclamaram a República Rio-Grandense e em 1837 deram posse como governante ao líder da revolta, Bento Gonçalves, que teve Gomes Jardim como sucessor. Em Santa Catarina foi proclamada a República Juliana, liderada por Giuseppe Garibaldi. O adjetivo "farrapo" era termo depreciativo com que os conservadores brasileiros referiam-se aos liberais.

Entre os liberais e republicanos a expressão passou a ser motivo de orgulho para quem a ostentasse. A Guerra dos Farrapos foi a mais longa e mais abrangente das rebeliões internas do Império do Brasil. Foi debelada no dia 1º de março de 1845.

No segundo ano de seu reinado, o Imperador Dom Pedro II teve de enfrentar ainda a Revolução Liberal de 1842, que ocorreu primeiro em São Paulo e em seguida em Minas Gerais.

Sorocaba. Que militar derrotou os rebeldes de Sorocaba?

Na época da coroação do imperador e pelos meses seguintes a Assembleia Geral Legislativa e o governo estavam dominados pelos conservadores. Altas de impostos e leis retrógradas vinham desagradando os liberais. A cidade de Sorocaba, no interior de São Paulo, foi palco de protestos, duramente reprimidos. A cidade de São Paulo não era muito maior que a de Sorocaba. O Brigadeiro Rafael Tobias de Aguiar, que já havia presidido a província de São Paulo por dois períodos aliou-se aos revoltosos e passou a liderar a rebelião, que teve também o apoio do Padre Diogo Antônio Feijó, que era senador e tinha sido regente até meses antes. Sorocaba foi declarada capital provisória e o Brigadeiro Tobias tornou-se presidente da província. Feijó cuidaria do governo enquanto Tobias comandava as tropas em luta. Obtendo apoio das cidades de Itu, Itapetininga, Capivari e outras, Tobias rumou para a cidade de São Paulo com o intuito de depor José da Costa Carvalho, Barão de Monte Alegre, então presidente oficial da província. O governante pediu socorro ao ministério da guerra, que enviou tropas comandadas pelo General Luís Alves de Lima e Silva, Marquês de Caxias.

Caxias em pouco tempo derrotou os rebeldes. No dia 13 de junho prendeu o Brigadeiro Tobias, que tentava fugir para o Rio Grande do Sul, e na semana seguinte dominou Sorocaba e prendeu Feijó. Os dois líderes rebeldes foram levados ao Rio de Janeiro.

Barbacena. Quem foi empossado como presidente na revolta de Barbacena?

Enquanto Caxias lutava para derrotar os rebeldes da província de São Paulo, a província de Minas Gerais seguia os passos das revoltas que se desenvolviam na província vizinha e também em Santa Catarina e Rio Grande do Sul. No dia 10 de junho a cidade de Barbacena foi declarada capital provisória de Minas Gerais e José Feliciano Pinto Coelho da Cunha, que mais tarde seria o Barão de Cocais, foi empossado como presidente.

Assim que Caxias dominou a província de São Paulo, foi enviado a lutar contra os rebeldes de Minas Gerais. Suas tropas passaram por dificuldades ali, sempre interceptadas pelos revolucionários. Mas ele entregou ao irmão José Joaquim de Lima e Silva Sobrinho o comando de um destacamento que seguiu outro trajeto, o que pode ter sido fruto de uma estratégia bem projetada. No dia 20 de agosto o irmão chegou a Barbacena e derrotou os rebeldes. Teófilo Otoni, um dos líderes, e outros comandantes foram enviados à prisão em Ouro Preto, então capital da província.

Os rebeldes de Sorocaba e Barbacena foram anistiados pelo imperador em 1844, quando os liberais, crescendo em importância política, passaram a ocupar postos no ministério.

Os mesmos ´políticos e cortesãos que providenciaram a antecipação da maioridade do imperador avaliaram que um novo passo teria de ser dado para que sua autoridade fosse respeitada. Encontraram uma noiva para ele, que se casou em Nápoles, aos 17 anos, com Teresa Cristina, princesa do Reino das Duas Sicílias.

Em julho de 1847, talvez por influência da esposa, Dom Pedro II estabeleceu em definitivo a monarquia constitucional, nomeando Manuel Alves Branco, do Partido Liberal, como premier. Os gabinetes que se seguiram, até o fim da monarquia brasileira, em 1889, tinham pouca longevidade, durando nove meses em média, mas a impressão que ficou no seio da população foi de que os governos eram longos e estáveis, graças à autoridade que o imperador soube conquistar e usar. O modelo político brasileiro passou a ser visto internacionalmente como exemplo de modernidade.

A tendência de alta de preços era combatida pelo comportamento do chefe de Estado. Durante todo o tempo do segundo reinado, da coroação até a deposição, recusou todo reajuste proposto à verba de manutenção destinado ao custeio da família imperial, que era de 800 milhões de réis (reais) ao ano. Vestia-se de modo simples e rejeitava toda forma de ostentação. Sonetista bissexto, dedicava o dia ao trabalho e à noite lia, estudava e, às vezes, escrevia.

Praieira. Dom Pedro II deu anistia aos rebeldes pobres da Revolução Praieira?

Mesmo assim, um novo conflito interno irrompeu nos primeiros tempos. Na esteira da Revolução de 1848 na França e de várias outras insurreições europeias daquele mesmo ano, Pernambuco viveu, de 1848 a 1850, a *Revolução Praieira*. O estopim da revolta foi a substituição do presidente da província, Antônio Pinto Chichorro da Gama, liberal, pelo conservador Araújo Lima, ato interpretado pelos pernambucanos como uma arbitrariedade do imperador. Membros e apoiadores do Partido Liberal reuniam-se na sede do jornal Diário Novo, situado à Rua da Praia, em Recife. Partiu desses ativistas, conhecidos como praieiros, a campanha para uma revolução contra as decisões da corte. A revolução exigia total liberdade de imprensa, fim do cargo de senador vitalício, sufrágio universal, direitos trabalhistas e reforma do sistema judiciário, entre outras mudanças.

Em 1850 um novo presidente nomeado para a província, Manuel Vieira Tosta, tendo à frente das tropas imperiais o Brigadeiro José Joaquim Coelho, dominou as tropas rebeldes, nas batalhas de Água Preta e de Igaraçu. Os líderes da rebelião foram julgados e condenados à prisão em 1851. Tempos depois Dom Pedro II concedeu-lhes anistia. Alguns revolucionários mais pobres tinham sido, porém, executados.

Depois desse conflito, o regime de gabinete garantiu vários anos de paz.

Em 1862, não fosse o equilíbrio e a resiliência do imperador, uma guerra de grandes proporções poderia ter acontecido. O cônsul da Grã-Bretanha no Rio, William Dougal Christie, procurou vingar-se de dois episódios ocorridos naquele dia na costa brasileira. Num deles, um navio britânico naufragou no Rio Grande do Sul e sua carga foi pilhada por populares. No outro, oficiais britânicos desembarcaram no Rio e, bêbados, provocaram arruaças, sendo presos. O cônsul deu ordens à marinha britânica para capturar navios mercantes brasileiros, em represália. Dom Pedro II determinou à marinha brasileira que resistisse a qualquer ataque. O cônsul voltou atrás, mas o imperador cortou relações diplomáticas com Londres em 1863.

Paraguai. Que província argentina foi invadira por Solano Lopez?

Em fins de 1864 o exército do Brasil envolveu-se num conflito uruguaio, onde se desenrolava uma guerra civil. Em pouco tempo, essa intervenção derrubou o presidente Bernardo Berro e impôs a posse de Venancio Flores. Aproveitando-se dessa operação das tropas brasileiras, o presidente paraguaio, Marechal Francisco Solano Lopez, incorporou no mês de dezembro a província de Mato Grosso, área que hoje se divide entre o Estado de Mato Grosso e o de Mato Grosso do Sul.

Pelo Tratado de Tordesilhas, de 1494, a região de Mato Grosso não pertencia a Portugal, mas à Espanha. Embora tenha sido revogado muito depois, a união das coroas ibéricas em 1580 tornou obsoleto esse tratado. Nas décadas que se seguiram os bandeirantes entraram pelos sertões fundando vilas e colonizando grandes extensões do território sul-americano a leste dos Andes. Muitos hispano-americanos imaginam um difuso direito a essas terras em razão dessa posse espanhola naqueles tempos, mas a ideia não se sustenta, pois, se o tratado estivesse em vigor, a Espanha, não suas ex-colônias, é que seria a proprietária dessa região.

Em abril de 1865 o Paraguai invadiu também a província argentina de Corrientes. Pelas pretensões territoriais de Solano Lopez, seu país passaria a

As Três Causas da Guerra

ter uma área equivalente à do Brasil, senão maior. Desde o início de 1965 o Brasil preparava-se para retomar Mato Grosso. Com a invasão paraguaia à Argentina, este país e também o Uruguai aliaram-se ao Brasil, formando a *Tríplice Aliança*, para combater o marechal. Tinha início aí a *Guerra do Paraguai*.

Solano Lopez, um militar descendente de espanhóis e indígenas guaranis, quando organizou a tomada de Mato Grosso e de Corrientes não era ainda um ditador vitalício, mas apenas um projeto de ditador, pois havia chegado à presidência de seu país em setembro de 1862. As narrativas favoráveis à figura dele garantem que o ataque desfechado pela Tríplice Aliança foi obra da Inglaterra, que temia uma liderança hostil na América do Sul e usou os países do Atlântico Sul para impor o capitalismo de corte inglês. Sabe-se, porém, que o governo britânico atuava como protetor do Uruguai, tendo inclusive trabalhado pela independência do país, contra os interesses do Império do Brasil. E, como dito acima, o Brasil tinha cortado relações diplomáticas com os domínios da Rainha Vitória em 1863.

Se estava há apenas três anos como governante, esse pouco tempo já era suficiente para caracterizar a intenção ditatorial do marechal. De todo modo, os brasileiros viviam sob a monarquia, ainda que constitucional, e sua capital ainda não tinha status histórico secular. O ânimo guerreiro estava latente, esperando apenas uma provocação.

O sinal veio com a invasão de Mato Grosso, que, conforme a pregação de Solano Lopez, era anteriormente território paraguaio. Um massacre inclemente sobre as tropas brasileiras sediadas na província garantiu o jugo paraguaio, por alguns anos.

Dom Pedro II viajou para o Rio Grande do Sul com o objetivo de organizar as tropas e fazer negociações, contrariando a decisão do Conselho de Estado, que tentou impedir sua participação pessoal na guerra. Declarou-se então "patriota voluntário", obtendo com isso a adesão de uma legião de seguidores que o acompanharam, denominando-se também "patriotas voluntários".

No ataque paraguaio à cidade de Uruguaiana, Dom Pedro II estava em campo, e negociou pessoalmente a rendição do comandante das tropas paraguaias quando estas se viram derrotadas. Ali é que recebeu o embaixador inglês Edward Thornton, que propôs o reatamento de relações.

Restava a questão da retomada de Mato Grosso, que estava a cargo do novo presidente da província, o General Couto de Magalhães. Em 1867 o general organizou a Retomada de Corumbá, obtendo êxito e consolidando o resgate da província.

A guerra seguiu até 1º de março de 1870, quando Solano Lopez e seu filho foram mortos na Batalha de Cerro Corá, nordeste do Paraguai. Mais de 50 mil brasileiros morreram ao longo dos quase sete anos do conflito.

Conta-se que políticos reservaram verba para erguer uma estátua equestre do imperador, para comemorar a vitória, mas ele rejeitou o plano e determinou que se usasse o dinheiro na construção de escolas primárias.

Filhos. Quantas vezes Isabel atuou como princesa regente?

Dos quatro filhos de Pedro II, os dois meninos, Afonso e Pedro, morreram na Infância, e as meninas, Isabel Cristina e Leopoldina Teresa cresceram com saúde. Não havia lei sálica escrita, mas o espírito dela estava presente entre os conservadores do país, que não viam com bons olhos uma sucessora mulher no Palácio de São Cristóvão. Esses não apenas duvidavam da capacidade de mando da Princesa Isabel, a mais velha das duas herdeiras, mas, após o casamento dela, temiam a interferência do marido, Luís Felipe Gastão de Orleans, o Conde D'Eu, um príncipe francês, ainda mais depois da queda do império de Napoleão III, em 1870, com a consequente instalação da República na França.

Dom Pedro II não havia preparado Isabel para os negócios de Estado. Mas ele gostava de viajar, e durante as ausências do país, quando ia para a Europa ou para a América do Norte em longos afastamentos, nomeava a filha como princesa regente. Ela recebeu essa incumbência por três vezes em sua vida.

Abolição. Que jornalista foi mais fez a campanha abolicionista mais incisiva?

Na terceira e última dessas regências, a Princesa Isabel tomou uma decisão difícil, que abalou a relação de confiança entre os setores conservadores agrários e a corte: ela assinou a lei de abolição da escravatura, a chamada *Lei Áurea*, no dia 13 de maio de 1888.

Os conservadores sentiram-se prejudicados pelo fim do sistema de trabalho que vinha sustentando a economia agrária do país e os liberais contavam entre seus militantes grande proporção de defensores do regime republicano. Ao voltar da viagem, o imperador percebeu que o antigo equilíbrio que o mantinha no trono tinha sido rompido.

Naquela fase, a escravidão era uma questão simbólica e apenas na aparência ela continuava como uma necessidade nas relações econômicas do país, pois vários passos já haviam sido dados no rumo do fim da escravidão. Antes da Lei Áurea já havia sido aprovada a Lei de Proibição do Tráfico de Escravos, ou Lei Eusébio de Queiroz, de 1850, por pressão da Grã-Bretanha, que vinha exigindo do Brasil uma providência contra o tráfico negreiro. Outro dispositivo que visava à extinção paulatina da escravidão foi a Lei do Ventre Livre, ou Lei Visconde do Rio Branco, de 1871, declarando livres todos as pessoas nascidas no Brasil a partir daquela data. E em 1885 a Lei Saraiva-Cotegipe regulou a extinção gradual dos dispositivos escravistas. Em 1988, portanto, os jovens brasileiros de até 17 anos estavam já livres da escravidão. Além disso, a província do Ceará já havia assinado sua lei de abolição, em 1884.

De qualquer modo, esse gradualismo não satisfazia os abolicionistas mais notáveis, como José do Patrocínio, Joaquim Nabuco, Paula Nei, Lopes Trovão, Aristides Lobo e André Rebouças. Estes queriam uma lei definitiva e abrangente, eliminando de uma vez o flagelo do trabalho escravo.

O mais importante dos abolicionistas foi José do Patrocínio. Filho do pároco de Campos dos Goitacazes e de uma escrava, o mestiço quando jovem graduou-se em Farmácia, e em idade mais madura tornou-se jornalista.

Iniciou essa fase de articulista de jornais no início de 1875, escrevendo para o quinzenário *Os Ferrões*. Seu pseudônimo era Notus Ferrão, enquanto seu colega de empreitada, Dermeval da Fonseca, assinava como Eurus Ferrão. Desses sobrenomes fictícios é que vinha o nome do peduódico.

Essa jornal não durou muito e em 1857 Patrocínio tornou-se redator na Gazeta de Notícias, onde também assinava coluna, com um novo pseudônimo: Prudhome. Como Prudhome foi que ele se iniciou na divulgação da campanha abolicionista. No início da década de 1880 comprou a Gazeta da Tarde e então entregou-se de modo mais completo à causa da libertação dos escravos. Com Joaquim Nabuco e outros colegas fundou em 1880 a Sociedade Brasileira Contra a Escravidão e em 1883 criou a Confederação Abolicionista, unificando aí os vários órgãos do país que lutavam contra a escravidão.

Em 1886 foi eleito edil (vereador) à Câmara Municipal do Rio de Janeiro, onde pôde amplificar sua voz abolicionista. Em 1887 encerrou as atividades da Gazeta de Notícias e fundou novo jornal, A Cidade do Rio, intensificando ainda mais a campanha da abolição e congregando nomes de maior peso na nova redação.

Quando no dia 13 de maio de 1888 a Princesa Isabel assinou a lei apresentada ao Parlamento pelo Ministro da Agricultura Rodrigo Augusto da Silva, que era senador, José do Patrocínio, emocionado, subiu à tribuna e beijou a mão da regente, gesto logo seguido por outros intelectuais e abolicionistas. A atitude não foi bem vista por parte dos militantes antiescravistas, que não queriam uma libertação negociada com a corte.

Com a entrada da Lei Áurea em vigor, o maior propagandista da abolição, que foi José do Patrocínio, não obteve o reconhecimento merecido por seu esforço ao longo de anos.

Pouco mais de um ano depois, enfraquecida a monarquia, o imperador foi deposto por seu general de confiança, o Marechal Deodoro da Fonseca, que havia sido convidado por seus amigos positivistas republicanos a dar uma quartelada para derrubar o gabinete, que tinha como premier o

Visconde de Ouro Preto, Afonso Celso de Assis Figueiredo. O golpe armado no dia 15 de novembro de 1889 tinha, no entanto, o objetivo de abolir o regime monárquico. O imperador foi deposto e enviado à França com a família, levando um travesseiro cheio de terra brasileira, para dormir sempre sobre o solo de sua pátria, como justificou. Deodoro tornou-se o primeiro presidente da República do Brasil.

José do Patrocínio não abafou sua voz crítica e em 1892 causou desagrado ao novo presidente, o Marechal Floriano Peixoto. Foi preso e depois confinado na cidade de Cucuí, Estado do Amazonas. No ano seguinte voltou por conta própria ao Rio, mas não retomou a publicação de seu jornal.

A partir daí dedicou-se a acompanhar os progressos dos voos em balões. No início de 1905, convidado para fazer uma saudação numa homenagem a Santos Dumont na cidade do Rio, sofreu um mal súbito no palco, morrendo pouco depois. Seu falecimento deu-se no dia 30 de janeiro, aos 51 anos de idade.

República

De 15 de novembro de 1889 até o golpe de Estado de 3 de outubro de 1930, o Brasil viveu o que ficou conhecido como *República Velha.*

Como os títulos de nobreza foram abolidos, o governo republicano obtinha capilaridade num país de população majoritariamente agrária através dos coronéis da Guarda Nacional. Eram em geral fazendeiros que compravam esse título, e passavam a dirigir a política local. O voto para o Parlamento era distrital, e isso no Brasil passou a ser chamado de "voto de cabresto", pois os coronéis impunham aos pobres que votassem nas cédulas com os nomes previamente selecionados. Além disso, só permitiam acesso ao título de eleitor aos cidadãos que não oferecessem risco de rebeldia na urna.

A ruptura constitucional em 1930 mostra que para os brasileiros o reconhecimento do Rio como capital data de 1808, de fato. Teve grande influência no golpe a Grande Depressão, que foi a crise de 1929 nos Estados Unidos, mas havia a componente doméstica, que era a capital ainda não consolidada.

Na Proclamação da República, Deodoro da Fonseca foi indicado presidente pelos líderes da derrubada da monarquia, mas a Assembleia Constituinte elegeu-o depois de modo mais "republicano". A Constituição foi promulgada em 1991, mas o presidente renunciou no mesmo ano e seu vice, o Marechal Floriano Peixoto tomou posse na presidência. A nova Constituição copiou o modelo político vigente no México, de 1857, que tinha sido uma adaptação ao arranjo que elegeu na França em 1848 o

As Três Causas da Guerra

populista romântico, sobrinho de Napoleão, Luís Napoleão Bonaparte, com a diferença de que na França o mandato presidencial seria de quatro anos, enquanto que o México optou por mandato quinquenal. O sistema adotado no México consolidou-se apenas lá, pois na própria França, como sabemos, o presidente deu um golpe de Estado em 1851 para restaurar a monarquia, tomando posse como Imperador Napoleão III - aquele que seria Napoleão II, Napoleão François, filho de Napoleão Bonaparte e Maria Luísa, viveu apenas 21 anos e não chegou a sentar-se em nenhum trono, embora tenha recebido ao nascer o título de Rei de Roma.

Os constituintes de 1891 tinham como opções de eleição presidencial o sistema dos Estados Unidos, por colégio eleitoral, e o do México, por voto direto, que na época era permitido só aos cidadãos do sexo masculino. O modelo luís-bonapartista seguido pelos mexicanos foi o escolhido. Com mandato de cinco anos e eleição direta, desde 1894, os presidentes da República Velha conseguiram governar sob relativa estabilidade, graças ao arranjo tácito da política do "café com leite", que fazia alternar no cargo um político do Estado de São Paulo, grande produtor de café, e outro do Estado de Minas Gerais, importante pela produção de laticínios. O acordo veio a ser interrompido com a "Revolução de 1930", que impôs um político do Rio Grande do Sul como presidente, Getúlio Dornelles Vargas, após impedir a posse do presidente eleito, Júlio Prestes.

Depois dos mandatos dos dois marechais do início da República, exerceram o governo por eleição direta, desde 1894, os seguintes presidentes: Prudente de Moraes, Campos Sales, Rodrigues Alves, Afonso Pena (substituído por morte após três anos pelo vice Nilo Peçanha), Marechal Hermes da Fonseca, Venceslau Brás, Rodrigues Alves (morto em 1918 por gripe espanhola antes da posse, sendo substituído pelo vice Delfim Moreira), Epitácio Pessoa, Artur Bernardes e Washington Luís, este deposto no fim do mandato em 1930.

Novo. Que avanço a Constituição de 1934 trouxe para as mulheres?

Quando Getúlio Vargas tomou posse em 1930, montando o governo provisório da Revolução de 1930, deu a entender que o país entraria em novo período de paz e progresso. No entanto, os líderes políticos do Estado de São Paulo não estavam convencidos dessa perspectiva. Em 1932, estudantes da Faculdade de Direito manifestaram-se no centro da cidade de São Paulo contra atitudes arbitrárias do governo federal e foram baleados, tendo sido mortos quatro deles, Martins, Miragaia, Dráusio e Camargo. Uma quinta pessoa, o operário Alvarenga, também foi morta. A resposta a isso foi a eclosão da Guerra Civil de São Paulo, também chamada de Guerra de 32, ou Revolução Constitucionalista.

As tropas federais venceram os revoltosos de São Paulo, depois de muitas mortes, entre julho e outubro, mas a reivindicação básica do movimento foi atendida: uma assembleia constituinte foi instalada no Rio em 1934. Entre os avanços significativos da Constituição elaborada nesse ano estava o direito de voto para as mulheres. Porém, uma tentativa de golpe tramada pelo Partido Comunista Brasileiro em 1937, ainda que denunciada de antemão e debelada, serviu de pretexto para a instalação de um regime fascista, presidido pelo próprio Getúlio Vargas. Este incumbiu o jurista Francisco Campos de elaborar uma nova Constituição, que foi apelidada "polaca", que passou a vigorar dando tintas legais a um regime autoritário, que recebeu o nome de *Estado Novo*.

No ano seguinte, 1938, a cidade do Rio ganhou, para todos os efeitos, seu status histórico secular de capital nacional. A ditadura varguista valeu-se disso e perdurou até a deposição de seu titular no dia 29 de outubro de 1945, na esteira do fim dos regimes nazifascistas europeus. No ano anterior, 1944, atendendo a pressões populares, depois que um navio mercante brasileiro foi atacado por nazistas, o governo brasileiro enviou tropas à Itália, para lutar contra os fascistas e os nazistas. Getúlio Vargas tentou, portanto, buscar o lado dos aliados, mas, como ocorreu com outros chefes de Estado mundo afora, o "arrependimento" não convenceu as lideranças políticas, e a deposição dele foi inevitável. Em 1946, uma assembleia constituinte promulgou nova Constituição, reafirmando o mandato quinquenal e a eleição direta de presidente da República. Quanto à população em geral, o perdão foi concedido, pois no fim de 1950 ele foi eleito à presidência por voto popular direto. Governou então de 31 de janeiro de 1951 a 24 de agosto de 1954, quando cometeu suicídio em meio a embates com a oposição.

Estabilidade. Que fato de 1960 desencaminhou o Brasil?

Essa fase em que vigorou a Constituição de 1946 foi muito auspiciosa, pois a capital nacional estava consolidada. O problema político estava na insistência da cópia do modelo mexicano, o que levou à eleição direta do ex-ditador Getúlio Vargas e a consequente crise de governança que ele viria a enfrentar. Não fosse essa opção romântica, o país passaria a ter um reconhecimento internacional maior que aquele que usufruiu no Segundo Império. No final da década de 1940 grandes obras artísticas de imenso valor foram adquiridas da Europa e trazidas para o Museu de Arte de São Paulo, fundado em 1947. Chegavam ao Brasil grandes contingentes de imigrantes provindos da Europa e da Ásia, confiando nas grandes possibilidades que o país oferecia. Um chefe de família oriundo do Japão, respondendo, já no século XXI, sobre o motivo que o fez escolher o Brasil para morar depois da II Grande Guerra, declarou: "O Brasil era o país mais promissor do mundo".

As Três Causas da Guerra

Esse entendimento inverteu-se no dia 21 de abril de 1960, com a inauguração da nova capital, Brasília, pelo Presidente Juscelino Kubitschek.

Carestia. Que tipo de moeda a inflação de Brasília destruiu?

Quando se iniciou efetivamente a construção da nova cidade, em 1958, os sinais destrutivos começaram a surgir. Antes do século XXI, o Brasil independente viveu, portanto, apenas duas décadas sob uma capital sadia, de 1938 a 1958. Não é necessário fazer a mudança oficial para que as ocorrências brutais do Efeito Weimar venham à tona. Basta para isso a decisão e a garantia de que a capital consolidada será mesmo abandonada pelo chefe de Estado. Assim como ocorreu no século XXI com Roberto Mugabe, acusado de provocar crise no Zimbábue por causa dos altos gastos de seu novo centro administrativo, no Brasil acusavam Kubitschek de provocar carestia geral por causa dos gastos com a construção de Brasília. Os crédulos afirmavam que logo que a construção fosse concluída, a carestia, e também a inflação, que recrudesceu, seriam coisa do passado. Era um autoengano.

Moedas de pequeno valor cunhadas durante o reinado de Dom Pedro II ainda circulavam no mercado em 1958. Com elas as crianças compravam bombons e frutas. Em pouquíssimo tempo a inflação as transformou em peça de museu, sem nenhum outro valor que não esse da memória.

(✋) Quando nos regimes inflacionários os salários são reajustados, graças à impressão de moeda, os trabalhadores ganham um pequeno período de relativa folga financeira. Logo depois os preços recebem novo impulso de alta, trazendo outra fase de carestia. Assim, a carestia é embutida no processo de inflação.

Militares. O que permitiu aos brasileiros conviver com a inflação longeva?

Três anos depois da inauguração da cidade de Brasília a inflação anual alcançou a marca dos 100%, no governo João Goulart, e no quarto ano um golpe de Estado disfarçado de zelo pela coisa pública, no dia 1º de abril, resultou num regime militar iniciado no dia 15 de abril de 1964 e encerrado 21 anos depois, no dia 15 de março de 1985. Os generais que se sucederam na presidência mantiveram a prática de mandatos quinquenais, à exceção do último deles, João Batista Figueiredo, que governou por seis anos. Os generais comandantes antes de Figueiredo foram Castello Branco, Costa e Silva, Garrastazu Médici e Ernesto Geisel.

A entrega do governo aos militares situou-se no contexto da Guerra Fria, meses depois do assassinado de John Fitzgerald Kennedy, como vimos acima, mas esse período verde-oliva dificilmente teria ocorrido no Brasil se não tivesse sido propiciado pela alta inflação, que jogava a população contra o governo civil.

Se a Alemanha teve três anos de hiperinflação e a Hungria teve um ano, o Brasil e a América do Sul, sob a influência da nova capital Brasília, tornaram-se um laboratório de resistência humana dentro de uma tragédia econômica durante várias décadas. O motivo foram os mecanismos de convivência com a deterioração da moeda inventados por economistas brasileiros. Tal fato chamou a atenção de Milton Friedman e o que ele observou da evolução da inflação brasileira deu a ele subsídios para refazer a Curva de Phillips, que relacionava empiricamente índice de inflação e taxa de desemprego.

Mesmo ante todo o sofrimento causado pela inflação brasileira, não se planejou a instalação do padrão-ouro, sequer à época que oficialmente ele vigorava nos Estados Unidos, até agosto de 1971. Castello Branco lançou uma campanha para que as famílias doassem ouro ao governo, chamada "ouro para o bem do Brasil", e talvez houvesse a intenção secreta de abraçar o padrão-ouro, mas isso nunca foi divulgado. A grande estratégia desenvolvida pelos economistas do país na época, liderados por Eugênio Gudin, Otávio Bulhões, Roberto Campos e Mário Henrique Simonsen, foi vincular o papel-moeda em circulação a letras do tesouro e a unidades fiscais. Quando Simonsen tornou-se ministro da Fazenda, no governo Geisel, uma medida de impacto certeiro foi o uso do subsídio ao trigo. Isso repercutiu nos preços dos alimentos em geral, servindo para segurar a inflação. No fim do governo Médici, em março de 1974, a inflação anual tinha sido baixada para 13%. Ela tendia, obviamente, a crescer depressa, mas os controles de preços e o subsídio ao trigo impediram uma explosão do índice, de modo que ao dar posse ao sucessor, em março de 1979, a inflação anual tinha sido de 40%. Sob o último presidente general, ela sofreu uma disparada, alcançando no fim do mandato o número de 240%.

Civis. Que plano o Presidente Sarney lançou contra a inflação em 1986?

José Sarney, o sucessor civil de Figueiredo, que tomou posse como vice no lugar do titular Tancredo Neves, que estava enfermo e morreu um mês depois, tinha no combate à inflação o objetivo central de seu mandato. Em fevereiro de 1986 lançou o Plano Cruzado, com a instituição de uma nova moeda, o Cruzado, acompanhada de congelamento total dos preços. Depois de quase um ano de alegria e estabilidade monetária, os brasileiros viram o plano se esvair, quando o governo anunciou aumentos de impostos e alta controlada do preço de alguns produtos. O impulso inflacionário, que estava represado, retomou seu curso. Outros planos foram aplicados no governo Sarney, mas sem grande efeito. Em seu último mês de mandato, de fevereiro a março de 1990, o índice, mensal, alcançou o número de 82,39%.

As Três Causas da Guerra

Este valor, se anualizado, teria resultado em 135.422,8%. O governo seguinte, de Fernando Affonso Collor de Mello, aplicou novo congelamento de preços e sequestrou por 18 meses os depósitos bancários que superassem o equivalente a 50 dólares. Como esse plano também fracassou, ele foi deposto por processo de Impeachment, em setembro de 1992. Quando percebeu que a votação aberta que seguia no Parlamento levaria à deposição, ele renunciou ao mandato. O sucessor, seu vice Itamar Franco, aplicou em julho de 1994 um plano mais consistente de estabilização, o Plano Real, que não aboliu a inflação, mas trouxe-a a níveis baixos, finalmente na faixa de um dígito, isto é, abaixo dos 10% ao ano.

Com a estabilidade aparente trazida pelo Plano Real os brasileiros puderam respirar com algum alívio. Os mandatos presidenciais, por alteração na Constituição, passaram a ser de quatro anos, a partir do sucessor de Itamar Franco. O sucesso da nova moeda, o Real, moeda do Segundo Reinado agora restaurada, uma emenda constitucional muito questionada pela oposição ao governo aboliu a proibição de reeleição presidencial, passando a permitir uma reeleição. Três presidentes seguidos foram reeleitos, mas o terceiro desses casos, que foi a Presidente Dilma Rousseff, sofreu Impeachment um ano e meio depois de iniciado o segundo mandato.

Juros. O que derrubou Dilma Rousseff na prática?

Oficialmente a queda de Rousseff veio porque ela praticou artimanhas contábeis vetadas pela lei, fazendo os bancos oficiais emprestarem ao tesouro para camuflar déficit público. Na prática, a deposição foi mais uma causada pela inflação, assim como foram a de João Goulart e a de Fernando Collor.

Já no fim do primeiro mandato, a presidente passou a acreditar firmemente que o impulso inflacionário tinha sido extinto no Brasil, pois o Real continuava apresentando inflação baixa. Ela e seu ministro da Fazenda decidiram arriscar voos altos. Primeiro, a austeridade que mantinha certo nível de desemprego e certo aperto no crédito, impedindo a indústria de crescer, como ocorreu no ano do Plano Cruzado, foi abandonada. O volume de emprego e o nível de consumo foram sendo aumentados, sem sobressaltos. Mas havia um escorpião à espreita, e este era a queda da taxa de juros. Sem muita preocupação com fundamentos macroeconômicos, ela e seu ministro pressionaram o Banco Central a baixar os juros de modo temerário. Certamente o governo precisava de juros mais baixos, para pagar menor montante do serviço da dívida pública, e a queda da taxa vinha sendo feita de modo paulatino. Em certo momento, no fim de 2013, a redução ultrapassou o nível que para aquela conjuntura era crítico. Já no início de 2014 grandes manifestações populares tomaram a rua do país em protestos contra altas de preços. Em novembro ela conseguiu reeleger-se, por pequena margem de votos, mas sua situação política já era muito precária. Seu segundo mandato não se sustentou.

Mesmo que historiadores, políticos e colunistas abstraiam o papel da inflação nesses acontecimentos, o conhecimento que se estabeleceu foi que o plano de estabilização assinado pelo Presidente Itamar Franco em 1994 representou um tombo no processo de alta de preços, mas não aboliu o impulso inflacionário. Ele continuou dormitando, sem nunca morrer, e uma vez ou outra acordava, ainda que sofrendo de tonturas.

Não se impôs uma âncora única para o Plano Real. Ele se vale de um conjunto de âncoras, cujos papéis podem alternar-se no trabalho da sustentação. Essas âncoras são desemprego, importação, confiança, taxa de juros, quebra da indústria nacional e restrição ao crédito. Tudo isso é capaz de manter a inflação em índices baixos, mas ao custo do estrangulamento do desenvolvimento do país.

Uma providência desse tipo não foi tomada na Venezuela, que sofre de modo sufocante a influência do *nouveau-richisme* do círculo presidencial de Brasília. A inflação de 2019 estimada pelo FMI (Fundo Monetário Internacional) atingiu a cifra anualizada de 10 milhões por cento. Também na Argentina a inflação voltou a crescer no primeiro semestre de 2019, embora em nível bem mais baixo que o venezuelano.

Assim como aconteceu com Roma, que se deteriorou enormemente nos 74 anos em que a chefia de Estado esteve em Ravena, o mesmo se deu com o Rio em relação a Brasília. O aumento da pobreza e da violência na cidade rejeitada tornou-se preocupação mundial, prejudicando o turismo e trazendo assombro aos que tentavam conferir a antiga fama de "cidade maravilhosa".

A bossa nova, ritmo popular que nasceu no Rio pouco antes da mudança da capital, foi o último produto cultural de relevância emanado do Brasil a ganhar mundo no século XX. O tenente-coronel da Polícia Militar de Minas Gerais, Presidente Juscelino Kubitschek, que abandonou o Rio em troca de uma capital construída no meio da mata do Planalto Brasileiro, ganhou o apelido de "presidente bossa nova", por parte dos que enxergavam na arrogância *nouveau-riche* dele algum legado positivo para o país. Os que o viam desnudado de sua aura populista, sem considerar a "liturgia do cargo", da expressão de José Sarney, sempre souberam que ele faz parte da galeria de soberbos apedeutas onde morejam Aquenáton, Herodes Antipa, Honório e Mugabe. Nele nada havia que se parecesse com a bossa nova, e é muitíssimo improvável que tivesse cantado *Estrada do Sol* ou *Chega de Saudade*, mesmo durante o banho.

Saídas. Que lição podemos tirar do exemplo de Bonn como capital?

As Três Causas da Guerra

Em todo processo de corrosão social existe algum ponto positivo, que se situa, pelo menos, no aprendizado, na lição que se retira dos erros cometidos. No caso da residência presidencial em Brasília, havia um ganho significativo, em meio a todo o sofrimento causado pela persistência no descalabro: a arrogância dos comandantes durava pouco. Os presidentes agarravam-se ao cargo porque recebem uma alta remuneração num país empobrecido pelo Efeito Weimar perene, mas dificilmente suas mentiras e suas promessas fantasiosas mantinham-se críveis aos olhos dos cidadãos. Se dois presidentes seguidos na virada do século XX para o século XXI conseguiram dois mandatos quadrienais completos, perfazendo 16 anos no poder, isso ocorreu porque o Plano Real assinado pelo Presidente Itamar Franco teve o poder de domar eficazmente o impulso inflacionário, inclusive levando uma presidente a acreditar profundamente na invencibilidade da medida, o que a fez perder o posto. No entanto, fora do padrão-ouro, que serviu por muitas décadas como um mecanismo para segurar o dique, existem soluções.

Desde 1993 é sabido que o Efeito Weimar pode ser neutralizado pelo *Efeito Bonn*. Desde que a cidade de Berlim viu-se dividida entre pró-soviéticos e pró-americanos, no fim da II Grande Guerra, os alemães do lado ocidental, assim como ocorreu no fim da I Grande Guerra, daquela vez por causa dos tumultos na capital, precisaram transferir a administração federal para outra cidade. Escolheram a cidade de Bonn. A grande diferença desta vez é que já existia a lição duríssima sobre deslocar o chefe de Estado para capital sem status histórico secular. Nos anos em que o governo esteve em Bonn, até vir a reunificação no dia 3 de outubro de 1990, muitos problemas foram enfrentados pela Alemanha Federal, mas entre eles não estava a alta inflacionária, coisa que havia ficado lá atrás, nos tempos da presidência em Weimar.

A razão disso é que a administração foi instalada em Bonn, incluindo a residência do premier, mas a residência presidencial foi mantida em Berlim. Nenhum tumulto, nenhuma divisão exigida por Moscou, nem mesmo uma ameaça de fanáticos, nada disso tiraria dos alemães a convicção de que o lugar certo para abrigar a moradia do presidente federal era a antiga capital, Berlim.

O que está feito está feito, como disse Pôncio Pilatos. Brasília foi erguida e transformou-se numa megalópole. A administração federal do Brasil foi acomodada lá, e não precisa ser transferida novamente. No entanto, manter lá a residência do chefe de Estado é pura insanidade. Se o país tem alguma capacidade de aprendizado político, não aceitará nunca que o presidente da República resida fora do Rio durante o mandato. (Como "a verdade não tem caminho único", no dizer de Charles Sanders Peirce, outra possibilidade pode ser experimentada, e esta é a instalação no Rio da presidência rotativa da América do Sul, como uma confederação. Pode-se fazer isso com a presidência do Merco-Sul, que precisa incorporar rapidamente os Estados andinos, começando por Colômbia e Peru.)

Correção. Como corrigir a imensa discrepância de renda no Brasil?

Se a hiperinflação de Weimar em três anos provocou grave empobrecimento das famílias alemãs, principalmente as menos aquinhoadas, não é necessário muito esforço para imaginar a gravidade da disparidade social no Brasil entre os estamentos mais bem remunerados, pela renda ou pelo salário, e a população das faixas salariais inferiores. A distância passou a ser quase abissal, porque durante décadas os proprietários puderam preservar suas riquezas, enquanto os despossuídos viam seu salário desfazer-se mês a mês, corroído pela inflação.

Uma saída para corrigir esse descalabro, ainda que seja exigida a paciência de várias décadas, é manter reajustando todos os salários pela inflação, mas apenas em anos alternados, determinando-se aumento linear nos demais anos. Por exemplo, nos anos pares todos recebem o percentual de aumento aprovado sobre o salário mínimo, e nos anos ímpares o valor que esse percentual representar calculado sobre o salário mínimo repercute em igualdade absoluta sobre os demais salários. Supondo que o resjuste seja sempre igual e de 1%, nos anos pares todos os salários recebem esse reajuste, mas nos anos ímpares ele é calculado sobre o salário mínimo, dando, por exemplo, 10 unidades monetárias, e todos os salários, mesmo os dos magistrados e dos governantes, recebem de acréscimos apenas as 10 unidades monetárias. Obviamente, tal dispositivo deve estar na lei, e ele servirá claramente para levar os cidadãos a empenhar-se pessoalmente na luta contra a inflação.

Capítulo 7 - Paz

A guerra é uma patologia psicossocial. As doenças do corpo, que quase sempre são causadas por vírus ou bactérias, são combatidas com medicamentos que atacam esses micro-organismos ou que agem sobre as partes avariadas, reparando-as. Para que haja a cura de modo deliberado e eficiente é necessário que antes a etiologia seja identificada. Isso também ocorre com as doenças psíquicas, mas, em lugar de exterminar micro-organismos ou reparar tecidos avariados, a cura ocorre através de medicamentos que regulem a produção de hormônios pelo sistema endócrino ou através de bloqueio das causas.

Se algum comportamento indesejado surge por motivação através de alguma forma de persuasão, ou mesmo de autoconvencimento, então não se tem uma causa a ser afastada, mas um problema a ser enfrentado com o uso de argumentos.

Doutrinas. Direita liberal pode igualar-se a fascismo?

Na vida social os conflitos políticos e econômicos são motivos de embates intermináveis, que são tão sadios quanto maior for o grau de civilidade dos envolvidos. Em geral os campos antagônicos são o conservadorismo e o progressismo.

Nos dias atuais, o progressismo social, que coincide com o liberalismo avançado, propugna:

1) pleno emprego,
2) garantias trabalhistas,
3) ensino público de qualidade,
4) não privatização de serviços públicos,
5) democracia (estado de direito, voto periódico, não longevidade do chefe).

O liberal-democrático (**LD**) aceita essas cinco conquistas do progressista social (**PS**), mas exige que se institua o mínimo possível de impostos.

O liberal-conservador (**LC**) exige cobrança mínima de impostos, mesmo que se sacrifiquem itens do progressismo social. Já o tradicionalista-antiliberal (**TA**) é um indivíduo que se julga acima da lei e não aceita nenhum daqueles cinco itens. Os populistas plebiscitários (**PP**) defendem os cinco itens e ainda outros desde que representem o desejo manifesto das massas. Os coletivistas-autoritários (**CA**), opostos ao tradicionalismo-antiliberal e vizinhos dele no círculo das doutrinas políticas, dividem-se em duas categorias: uma que segue lutando na oposição até o fim e outra que se alia ao tradicionalismo-antiliberal para governar como fascista. Um fascista, ao contrário do que se ensinou até o começo do século XXI aos jovens na América do Sul, não é um direitista de formação, mas um ex-esquerdista autoritário. Como ex-esquerdista, ele não é um esquerdista, tampouco é um direitista. Um direitista de formação incomoda-se quando é confundido com um tradicionalista-antiliberal ou com um fascista, pois é um liberal-convervador, alguém que rejeita ideias de Thomas Morus, Stuart Mill e Umberto Eco, mas cultiva conceitos de John Locke, Adam Smith e Alexis de Tocqueville. Chamar de fascista alguém da direita liberal é demonstração de leitura deformada ou de ausência de leitura política.

Como não há efetivamente uma posição política de centro, sempre que uma pessoa ou um partido dizem professar posição doutrinária de centro, ou ela é de centro-direita ou é de centro-esquerda. Assim, são apenas seis as opções políticas. Grupos temáticos, como os ambientalistas, os ruralistas, os vegetarianos, os libertários sexuais e os militantes ateístas precisam abrigar-se nos partidos que representam aquelas linhas políticas, sem criar suas próprias agremiações partidárias, já que elas servem para embaralhar o entendimento do eleitorado.

Seguindo o esquema de apresentação de Jules Borely ("Le Nouveau Système Électoral", 1870), embora os nomes dos partidos não venham a ser estes, temos para o espectro político-doutrinário a seguinte disposição:

Liberal-democrático	*Progressista-social*
Liberal-conservador	*Populista-plebiscitário*
Tradicionalista-antiliberal	*Coletivista-autoritário*

É importante desvincular tanto a demanda identitária quanto a pauta de costumes da classificação conservador-progressista. No século XXI os defensores do status quo iniciaram essa confusão deliberada, com o objetivo de desviar o foco do debate político. Convém incluir nos programas partidários a visão mais favorável ou menos favorável quanto ao desenvolvimento sustentável, porque isso está no cerne do progresso da humanidade pelas próximas décadas. Já discutir preferências olfativas, gustativas ou sexuais é parte de outro terreno. A opção sexual do Imperador Júlio César não serve para caracterizar a posição política dele, embora possa direcionar sua conduta em sociedade.

No âmbito estrito da política como atitude frente à coisa pública, as sociedades que vivem sob regime democrático costumam apresentar uma proporção de 18% de eleitores antiliberais, número que vem de constatações empíricas. Se os setores que prezam o estado de direito munirem-se sempre da necessária precaução, esses 18% não terão como montar base política para formar governo. Se eles conseguem, é porque o sistema democrático vive momento de crise ou porque os outros 82% confiaram demais no acaso. Quando Hitler se elegeu em 1932 obtendo 32% das cadeiras, superou em 14% aquela proporção de 18%, mas isso aconteceu por dois motivos principais: primeiro, ele recebeu o cacife do grande herói nacional, o estabilizador monetário Hjalmar Schacht, e, segundo, não se tinha, em regime democrático, experiência prévia de escolha de proposta política tão enganadora quanto a do nazismo, no que tange à prática da venda de gato por lebre. Este segundo motivo esteve por trás da impossibilidade que o Presidente Hindenburg teve em unir contra Hitler os ocupantes das restantes 62% de cadeiras e também do apoio de 88% que os alemães deram no plebiscito da ascensão do fanático à presidência federal, e que embutiu a abolição do parlamentarismo. Muitos veem como o maior responsável pela união dos antinazistas o Efeito Weimar Político, que foi a eleição ao Parlamento de 28 partidos distintos, sabendo-se que o proponente do voto proporcional, Jules Borely, escreveu em 1870, que o número máximo de partidos concorrentes deveria ser sete. Essa dispérsão partidária, no entanto, foi apenas mais um fator a complicar e inviabilizar o plano presidencial.

A maior preocupação dos defensores da social-democracia não deve ser com o tradicionalismo-antiliberal, pois este é facilmente identificável, e acredita em seu próprio discurso, sem necessidade de camuflagem doutrinária. Todos sabiam qual era a proposta das *Freikorps*, por exemplo. Se ficarem sós, estarão isolados e sempre em quantidade absolutamente minoritária. O que deve ocupar a atenção do cidadão social-democrata é a esquerda infantil, que permeia tanto o progressismo social quanto o ultra-esquerdismo.

Diferentemente do que ocorre frente ao tradicionalista-antiliberal, é muito mais difícil identificar o agente da esquerda infantil, que é um potencial quinta-coluna das lutas democráticas. Tem-se de prestar atenção aos seguintes sinais, que ele invariavelmente apresenta: 1) rejeita *negociação* com os liberais-democráticos, apostando no "tudo ou nada"; 2) arvora-se em *único* detentor da verdade histórica; 3) tacha de *imbecis* os que não aceitam suas propostas; 4) acredita no palpite conservador que imagina o *ódio* como motor das decisões político-econômicas; 5) vive numa *caverna* virtual, mesmo conhecendo as ideias dos adversários; 6) mostra-se sempre suscetível a abraçar "teorias" de *conspiração*; 7) ignora solenemente que o oposto de competição saudável é o *monopólio* opressor; 8) apoia a *perpetuação* do governante que ele julgue progressista; 9) prega que democracia significa voto popular *direto* no presidente federal; 10) advoga ampliação de serviços públicos gratuitos, mas pessoalmente prefere usar serviços *privados*.

Foi por causa daquela primeira característica, do "tudo ou nada", que o Presidente Hindenburg não conseguiu formar maioria contra Hitler. E foi pela mesma razão que a ONU não conseguiu criar, segundo o propósito da chancelaria britânica, um Estado Palestino, ao lado do Estado de Israel, em 1948. Os árabes-palestinos, reforçados e pressionados pelos movimentos dos vizinhos anti-judaicos, firmaram a posição de que só aceitariam um Estado se fosse só o deles, sem dividir o território com Israel.

Um jovem iniciante da política pode achar que a social-democracia, tão injuriada por Adolf Hitler, é insuficiente para emancipar o cidadão assalariado no médio ou no longo prazo. Ele está enganado. Garantia de pleno emprego e educação pública, coisa que a social-democracia pode prover, se não for sabotada, leva à emancipação no longo prazo. Os bons frutos são colhidos depois de maduros.

Tríade

Nada naquelas opções políticas (**TA, LC, LD, PS, PP** e **CA**) é causa de guerra. As diferenças políticas são usadas só como motivações, porque as únicas causas dos conflitos bélicos são exatamente as três apresentadas neste texto, que são:

    1 - Vitaliciedade (**V**),
    2 - Teocracia (**T**) e
    3 - Capitalnovismo (**C**).

Os que se batem no campo de batalha estão imbuídos da obediência cega e da adoração ao chefe supremo (vitaliciedade), da crença absoluta na necessidade de destruição da fonte do pecado que vem de seus inimigos infiéis (teocracia) ou da revolta contra os que, por iconoclastia ou mero desprezo aos símbolos tradicionais, rasgam o tecido constitutivo das relações sociais por submeterem-se à influência de um chefe de Estado residindo fora da cidade que detém o status histórico secular de sede do país (capitalnovismo). No primeiro e mais abrangente dos casos, o da vitaliciedade, não importa a bandeira levantada pelos generais, se étnica, se econômica, se territorial, se moral, pois ela serve apenas como elemento motivacional.

(☝) Causas, no entendimento da Psicologia, são fatores geradores de pulsões, enquanto que motivações são apenas incentivos. Estes podem ser desfeitos através de diplomacia e argumentação. Causas, diferentemente, só deixam de provocar seu efeito quando efetivamente removidas.

A eleição direta de presidente em República federativa não é causa de guerra, mas de miséria e mediocridade. A inveja de maltrapilhos frente a assalariados ou proprietários (conflito de classes) pode levar a furtos, roubos e agressões pessoais, mas tampouco pode ser causa de guerra, embora possa ser incorporada como bandeira.

As Três Causas da Guerra

De qualquer modo, para construir não apenas a paz, mas também o progresso social, os países precisam evitar:

I) Eleição direta de chefe de Estado federal;

II) Desemprego;

III) Ensino Médio não profissionalizante;

IV) "Food stamps" para quem pode trabalhar;

V) .Monopólios – e, nas licitações, conluios (consórcios).

Uma política efetiva de eliminação de monopólios propicia ganhos em *1) custo*, 2) *inovação*, 3) *atendimento*, 4) *expansão*, 5) *lisura*, 6) *entusiasmo* e 7) *qualidade*. Sequer as empresas estatais devem constituir-se como monopólios.

Também o desemprego sistemático é algo que precisa ser visto como coisa escandalosa nas grandes cidades, uma vez que o livro de Keynes sobre o tema, *Teoria Geral do Emprego, do Juro e da Moeda*, foi publicado há muitas décadas, em 1936. Para que a proposta keynesiana de pleno emprego seja implementada de modo definitivo basta que as máquinas, como ocorre com as caixas de supermercados, sejam ocupadas por mais de um empregado ao longo do dia: cada posto de trabalho deve receber por dia dois empregados, um pela manhã e outro à tarde, com as empresas recebendo incentivos governamentais para manter tal esquema. Também cumpre ao governo o papel de qualificar a mão de obra e agenciar sua colocação nas empresas.

Ante uma política de pleno emprego, tornam-se obsoletos o seguro desemprego e os "food stamps" para pessoas sadias. O Ensino Médio profissionalizante passa a ser uma questão de puro bom senso, uma vez que o governo passa a ter a obrigação de municiar o cidadão para o trabalho, gastando menos se faz isso mais cedo.

As principais mudanças na sociedade em decorrência do advento da política permanente de pleno emprego serão:

1) *Estabilidade*. A figura da exoneração de empregados declara-se extinta, substituída por transferências, ficando órgãos do governo responsáveis por, oferecendo ajuda de custo, receber e requalificar os que não sejam recontratados de imediato no mercado de trabalho.

2) *Moradia*. Todo chefe de família, homem ou mulher, passa a poder contrair hipoteca, de modo que o problema da moradia precária ou do fenômeno do sem-teto desaparece.

3) *Segurança*. Reduz-se de modo substancial o problema da criminalidade, pela ausência de tempo ocioso entre os jovens.

4) *Transporte*. O trânsito apresenta grande melhoria, por causa da distribuição das jornadas de trabalho em horário menos concentrado.

5) *Aprimoramento*. A disputa por postos de trabalho passa a ser via melhor qualificação, não mais pela condição de desempregado.

6) *Cidadania*. Constrói-se maior respeito na relação empregador-empregado, uma vez que não há desempregados desesperados para ocupar os postos de trabalho em oferta.

7) *Renda*. Observa-se aumento da remuneração, por não haver desempregados, e, em consequência, grande aumento do PIB.

O desemprego é, desde 1936 (publicação do livro de Keynes), uma política deliberada. A guerra, até o fim do nazismo (1945), era uma política patológica incontornável, mas, a partir dos conhecimentos que acumulamos nas últimas décadas, ela passou a ser uma opção, de líderes esquizofrênicos e seus capachos.

Quanto à eleição direta do chefe de Estado, a quantidade de danos à sociedade provocada por essa prática, principalmente nos Estados federativos, não cabe em um único livro. Mania dos países latinos e dos países islâmicos até o início do século XXI, tendo a Turquia como membro recente do triste clube, a instituição mostra claramente que em médio e longo prazo cristaliza a pobreza e joga a população na mediocridade generalizada, em todos os aspectos culturais, sejam artísticos, sejam esportivos, sejam científicos.

Todos esses ganhos serão o fruto da paz definitiva, que chega com a eliminação das três causas dos conflitos bélicos.

Mitos. O "banho de sangue" é uma necessidade para o progresso?

Para que a guerra passe a ser história passada é necessário não apenas reconhecer e divulgar as três causas, evitando-as a todo custo, mas também desfazer, através da educação, crenças danosas que foram cultivadas ao longo dos séculos.

A guerra teve dois aspectos positivos em toda a história. O primeiro, malthusiano, consistiu em retardar a explosão da superpopulação, antes que a ciência desenvolvesse os medicamentos anticoncepcionais. O segundo foi aquele de apontar entre povos em luta qual ou quais apresentava superioridade técnica. Isso porque dificilmente uma guerra era ganha mediante golpe de sorte.

A excelência na guerra é ganhar sem batalha, escreveu Sun Tzu. Este não é um mito, mas um vislumbre de que a guerra propriamente dita deveria ser abolida das relações humanas assim que fosse possível. Muito diferentemente, Maquiavel registrou que "uma guerra pode ser adiada, mas nunca evitada". Em que pese a inteligência aguda do florentino, a frase dele revela desprezo pela diplomacia, além de uma visão pessimista quanto às possibilidades humanas de descobrir etiologias. A afirmação de Maquiavel é um dos mitos que precisam ser desfeitos. Este é o mito **A**.

A necessidade de um "banho de sangue" para que um país atinja a maturidade e alcance sua fase de desenvolvimento é outro mito defendido por fascistas e belicistas. Os Estados Unidos passaram por muitas guerras de indígenas contra eurodescendentes e ainda atravessaram a Guerra Anglo-Americana (1812), a Guerra Mexicano-Americana (1846) e a Guerra Civil Americana (1861), e tornaram-se um país muito rico. Ora, as guerras tiveram suas causas e estiveram longe de ser um projeto de derramamento de sangue para "purificar" a alma dos cidadãos. O Canadá não guerreou contra os indígenas e não passou por guerra civil, tornando-se um país rico e desenvolvido. Com tradição de neutralidade existe também a Suíça, país muito rico. Na via contrária, a Coreia do Norte sofreu a guerra mais violenta da história no início da década de 1950, e é um dos países mais pobres do mundo. Vários outros povos que sofreram muitas guerras continuam pobres e sem perspectiva de progresso. O "banho de sangue" como purificação é o mito **B**.

Há também um mito muito danoso ligado ao islamismo. Trata-se da interpretação de que a palavra árabe *jihad* significa "guerra santa". O termo, segundo os filólogos árabes, significa "esforço" e é usado no sentido de empenho pela religião. Entendê-lo fora e dentro do mundo islâmico como "guerra pela religião" ou "guerra santa" é fazer o jogo dos manipuladores de marionetes humanas. Este é o mito **C**.

Porém, o mito mais prejudicial sobre a guerra surgiu logo depois de 1945 e responde pela interpretação viesada de que o "esforço de guerra" foi responsável pelo pleno emprego de 1944 nos Estados Unidos. É o mito **D**. Talvez os criadores desse mito tenham apenas inventado uma explicação para o que eles não entendiam. O fato é que o economista keynesiano John Keneth Galbraith, secretário do Tesouro, havia, dois anos antes, aplicado um plano de congelamento de preços e domou a inflação, além de adotar políticas propostas por Keynes, isto é, políticas visando ao pleno emprego.

Passadismo. Violência física é traço adulto?

As providências para eliminar esses mitos são uma necessidade porque a humanidade tem apego doentio pelo passado, não como simples memória, mas como modelo idílico. O trabalho escravo foi abolido no mundo em 1981, na Mauritânia, mas muitos insistem em continuar chamando de trabalho escravo o que deve ser tratado como trabalho servil, uma vez que trabalho escravo compreende um tipo de relação laboral em que o contratante é oficialmente proprietário do trabalhador, coisa que não tem mais como existir. Outras desgraças do passado humano que já foram completamente soterradas são tidas como ainda vigentes, por grande número de pessoas.

Por causa dessa veneração às instituições do passado é que a teocracia islâmica tomou Teerã em 1979, restaurando apedrejamento de mulheres tidas como adúlteras, obrigando mulheres a cobrir a cabeça com véu espesso, executando homens homossexuais e inspirando grupos fanáticos a praticar atos terroristas mundo afora. A ala xiita do islamismo, que instalou a pretensa "revolução iraniana", empurrou a ala sunita a tentar superá-la na reativação de costumes bárbaros em nome da religião.

Para evitar que um governante romântico e passadista queira reviver a guerra depois que ela estiver eliminada da face da Terra, um mecanismo precisa ser adotado na ONU, aprovado pela grande maioria dos países-membros: o chefe de Estado - ou de governo – que declarar guerra a outro país perde o cargo no dia seguinte.

A violência física é um traço infantil, pois é nas crianças que a agressão física dói. Os que usam de violência física na idade adulta são os que cresceram em corpo, mas não em mente. Como a guerra é a violência suprema, um mandatário que a reative deve ser visto por seus comandados como um indivíduo de cérebro atrofiado, e não deve contar com obediência ou respeito por parte destes, a não ser como um paciente a ser tratado no leito hospitalar.

Colateral. Há espaço para a livre e ilimitada reprodução humana?

O regime de pleno emprego e o estabelecimento de portas corta-fogo contra a guerra trazem um efeito colateral que exige providências abrangentes. Como já vínhamos eliminando nossos predadores maiores com armamentos e, desde o século XX, os micro-organismos letais, com antibióticos, caminhamos para estabelecemo-nos como, senão a única, pelo menos a praga mais danosa do planeta.

O único meio de revertermos o destino de ser praga é o controle da natalidade, não apenas como campanha, mas como política efetiva. Sem isso, não frearemos o aumento do aquecimento global antropogênico, nem usufruiremos por muito tempo o esplêndido benefício da conjunção de pleno emprego e paz. Se a população mundial expandir-se para muito além dos oito bilhões do fim da segunda década do milênio, pode até haver alimento disponível, mas os problemas com a água, a flora e o clima estarão agigantados. A destruição da vida na Terra pode ocorrer inexoravelmente, conforme alerta de Stefen Hawking, que acreditava ter a humanidade já ultrapassado o ponto de não retorno, dados os estragos provocados até aqui.

Independentemente do tempo que nos resta sobre o planeta, é necessário ensinar as crianças e os adolescentes a evitar sempre, cientes dos perigos envolvidos, estas três irresponsabilidades:

A) superpopulação;
B) governante longevo;
C) regime de exceção.

As Três Causas da Guerra

De qualquer modo, contando com o engenho humano para resolver seus grandes problemas, principalmente aqueles criados pela própria humanidade, temos de continuar lutando para deixar para trás a era do desemprego e da guerra.

Exército. Cabe ao exército combater a guerra?

Três categorias de agentes públicos trabalham como os batedores da comitiva da sociedade: os políticos, os militares e os diplomatas. São essas pessoas que ocupam a linha de frente nas relações de um país com outro. Os demais funcionários públicos e a sociedade civil formam a retaguarda.

Com a abolição da guerra, o exército e os demais corpos militares que sempre foram treinados para a defesa terão de mudar seu foco de atuação.

Certamente o treinamento para a defesa não pode ser abandonado de todo, porque a possibilidade de uma recidiva guerreira por parte de um ou outro país não pode ser descartada nunca. O exército deve continuar treinando.

Mas isso é muito pouco pára uma categoria profissional que há milênios prepara-se quase que exclusivamente para fazer a guerra. Assim como os dentistas já adaptam suas atividades para o dia iminente em que as cáries poderão ser evitadas, dedicando-se à ortodontia e a outras ações, também os militares precisam acostumar-se com treinamentos que não apresentam parentesco com a atividade bélica.

Um campo aberto para as forças armadas é a causa do desenvolvimento sustentável. Os militares podem continuar ajudando a construir obras públicas, como hospitais, estradas, hidrovias e pontes, mas precisam imbuir-se do espírito da sustentabilidade. Tomar para si a responsabilidade pela defesa do meio ambiente é, provavelmente, a atitude mais sadia que pode ser abraçada pelos exércitos no terceiro milênio.

A defesa das fronteiras para coibição da atuação de saqueadores e traficantes precisa estar fundamentada no zelo pela questão ambiental. O exército, além das atribuições já consagradas a ele em tempos de paz, passa também a incumbir-se do replantio de florestas e da recuperação de cursos d'água.

Outro campo que já faz parte da atuação do exército e que merece receber mais atenção é a formação de jovens, civis e militares, para os esportes olímpicos. Konrad Lorenz, Nobel de Medicina de 1973, propôs que se substituísse a guerra pela competição esportiva. Assim que for consolidado e disseminado o mecanismo da abolição da guerra, as forças armadas dos diversos países estarão pisando em terreno firme se entre suas preocupações estiver a preparação de atletas para disputas nas mais diversas modalidades de esportes.

No tempo do pós-guerras, as armas utilizadas pelos militares devem ser armas de choque (têiser). As forças policiais devem substituir toda pistola mortífera por têiser, de modo que delinquentes tenham acesso estrangulado a armas de fogo. Quanto mais essas armas letais são fabricadas para militares, policiais e os tais cidadãos "de bem", mais elas chegam às mãos dos bandidos.

Finalmente, deve caber ao exército, como principal interessado, o papel central de prevenção às três causas da guerra, em cada país, tendo a ONU e suas Forças de Paz como cumpridoras do mesmo mandato em nível supranacional. Se um presidente da República articula para estender-se no cargo além do tempo razoável, de um máximo de 10 anos, por exemplo, cabe aos militares, se os civis não têm coragem de fazê-lo, demover o chefe de Estado dessa tentação demente, como fizeram com seu presidente os generais do Zimbábue, em novembro de 2017, aliás, neste caso com um atraso lamentável de vários anos – um premier pode ser tolerado por um máximo de quatro mandatos quadrienais, mas o ideal é que esse limite seja fixado em três quadriênios, principalmente se o regime for monárquico.

Para um presidente, o tempo máximo ideal de mandato é quatro anos, sem reeleição, imediata ou posterior. Se o chefe de Estado trabalha para revogar a separação Estado-religião, com o objetivo de instalar regime teocrático, os militares devem impedi-lo, se os civis não forem capazes de fazer isso. E se o chefe de Estado decide abandonar a capital com status secular em favor de residência em qualquer outra cidade do país, cabe aos militares, se os civis se deixarem encantar por aquela estupidez, interceptar a viagem do energúmeno. Nem tumultos, como na Berlim de 1919, nem destruição de edifícios e pontes, como na Budapeste de 1945, nem mesmo epidemias, nada disso deve servir de aval à transferência da residência do chefe de Estado de uma capital consolidada para outra cidade sem essa condição, a menos que haja uma união de países, caso em que o chefe deve passar a residir na capital principal. Nas três situações, os militares devem agir depois de esgotados todos os recursos de pressão e persuasão, e, finalmente, a medida saneadora, que não se caracteriza como golpe de Estado, deve ser comunicada ao Conselho de Segurança da ONU de forma imediata. O sucessor previsto pela Constituição deve ser empossado no mesmo dia, e se ele usar de pusilanimidade devolvendo o cargo ao chefe danoso, ambos devem ser destituídos de suas posições. Afinal, nenhum esforço nacional representa tragédia maior que a guerra.

@cacildo